命理生活新智慧・叢書38

紫微斗數全書詳析

《中冊》

http://www.金星出版社.com.tw
http://www.venusco.com.tw
E-mail: venus@pchome.com.tw

法雲居士⊙著

金星出版

國家圖書館出版品預行編目資料

紫微斗數全書詳析《中》／法雲居士著，--
--第1版.--臺北市：金星出版：紅螞蟻總
經銷，2000[民89]
　　冊；　　公分--（命理生活新智慧
叢書；38）

ISBN 957-8270-26-7（中冊：平裝）

1.命書

293.1　　　　　89016195

紫微斗數全書詳析《中冊》

作　　者：法雲居士
發 行 人：袁光明
社　　長：袁靜石
編　　輯：王璟琪
總 經 理：袁玉成
出版部主任：劉鴻溥
出 版 者：金星出版社
社　地址：台北市南京東路3段201號3樓
電　電話：886-2--25630620●886-2-2362-6655
FAX：886-2365-2425
已變更
電
郵政劃撥：18912942金星出版社帳戶
總 經 銷：紅螞蟻圖書有限公司
地　　址：台北市內湖區舊宗路二段121巷28・32號4樓
電　　話：(02)27953656(代表號)
網　　址：www.venusco.com.tw
E-mail　：venus@pchome.com.tw

版　　次：2000年12月第1版　　2004年12月修訂版
登 記 證：行政院新聞局局版北市業字第653號
法律顧問：郭啟疆律師
定　　價：350 元

行政院新聞局局版北字業字第 653 號
(本書遇有缺頁、破損倒裝請寄回更換)

投稿者請自留底稿
本社恕不退稿

ISBN：957-8270-26-7 (平裝)

（因掛號郵資漲價，凡郵購五冊以上，九折優惠。本社負擔掛號寄書郵資。
單冊及二、三、四冊郵購，恕無折扣，敬請諒察！）

序

紫微斗數的原始文字，原繫於幾篇賦論之中，經歷代後人加之重補，增補的文章，以及歌訣、注解，今人將之彙集成書，稱之為『紫微斗數全書』。託之為宋代陳希夷先生所著。我們從這些文章中可見到提及的『白玉蟾先生曰』，白玉蟾先生與陳希夷先生生存時間先後差距兩百年，晚了陳希夷先生這麼多。陳希夷先生是五代末期，北宋前期時代的人，原名陳摶，為宋太宗賜號『希夷先生』。卒於宋太宗端拱元年。（西元九八九年）留下『指玄篇』、『三峰寓言』等著作。比另一命理大師邵雍『康節先生』還早。但是並未見有特別標明有關『紫微斗數』之論著。

白玉蟾先生原名葛長庚，生於宋光宗時代，大約在西元一一九四年。同時代的名人朱熹已垂垂老矣，有六、七十歲的高齡了。

由這樣一個時代背景看來，可知『紫微斗數』這一門命學的發展是經過長時期的演變、過程的。有關『紫微斗數』的論著，也多半是後人填加，再假託前人知名的命理學者，與以附會之說。

但無論如何，『紫微斗數』發展至今，已十分完備。而且『紫微斗數』非常合於現代科技的發展，適用於電腦的快速運算過程。這種能跟得上時代腳步，又能超越時空限制的命理學，勢必在未來高科技前衛的時空宇宙中，做領航導引的工作。

現今學習『紫微斗數』的人士非常多，會排命盤，又能解讀，但是對紫微斗數的原文風貌並不一定完全通達。況且在這些歌訣評註中也有許多誤謬之處，因此我特將這些文字再重新堪訂解析，把原文和目前我們所運用的斗數知識做一個溝通聯繫，以期對新加入『紫微斗數』世界的人，和對『紫微斗數』一知半解的、並不完全明瞭的人有一點幫助。

此書是根據武陵出版社所出版的『紫微斗數全書』的彙文來做的詳析，也訂正了其中的錯字和有執疑的地方。希望讀者會喜歡。

法雲居士　謹記

命理生活叢書38

紫微斗數全書詳析《中冊》

序
1.安身命例、安十二宮例、起五行例／009
2.六十花甲子納音歌／017
3.安南北斗諸星訣／022
安時系星訣（文昌、文曲、火、鈴、地劫、天宮）
安月系星訣（左輔、左弼、天馬、天姚）
安干系星訣（祿存、擎羊、陀羅、四化星、天魁、天鉞）

4. 安雜曜諸星訣／046
包括日系諸星（三台、八座）、安天傷、天使訣，安生年博士十二神、安支系諸（天哭、天虛、龍池、鳳閣、紅鸞、天喜）／046
安長生十二神／054
安流年歲前諸星／059
安流年將前諸星／066
安截路空亡、安旬中空亡、安身主、命主、安大限、安小限、安童限、安斗君／067
5. 論安命金鎖鐵蛇關／081
定男女行蘿三限／083
定十二宮強弱／084
定十二宮星辰落閑／086
安流祿、流、羊流陀訣／088

論星辰生剋制化／089
論諸星分屬南北斗化吉凶並分屬五行／090

6.在命宮各星的看法／097

紫微星／097
天機星／109
太陽星／116
武曲星／127
天同星／137
廉貞星／149
天府星／161
太陰星／174
貪狼星／187
巨門星／190
天相星／206
天梁星／214

七殺星／222
破軍星／232
文昌星／242
文曲星／254
左輔星／266
右弼星／270
祿存星／274
天魁、天鉞／279
擎羊星／282
陀羅星／289
火星、鈴星／294
地劫、天空／303
天傷、天使／310
四化星（化祿、化權、化科、化忌）／314
歲君、斗君／332

紫微斗數全書詳析《中》

1. 安身命例、安十二宮例、起五行實例

【原文】

安身命例 要知與五星大不同

大抵人命俱從寅上起正月，順數至本生月止，又自人生月上起子時，逆至本生時安命。順至本生時安身。

假如正月生，子時就在寅宮安命身，丑時逆轉丑安命，順去卯安身。

寅時逆轉子安命，順至辰安身。餘宮仿此。又若閏正月生者，要在二月內起安身命。

凡有閏月俱要依此為例。納音甲子歌務要熟讀，就如甲生人安命在寅，卻起甲己之年。

丙寅首是丙寅丁卯爐中火，卻去火局尋某日生期起紫微帝王。

如是正月初一生者是火局，酉宮有初一日，就從酉宮起紫微庶無差悞。若錯了則差之毫氂失之千里矣。

安十二宮例 男女俱從逆轉切記莫順去

一命宮　二兄弟　三妻妾　四子女　五財帛　六疾厄　七遷移

八奴僕　九官祿　十田宅　十一福德　十二父母

起五行寅例

甲己之歲起丙寅　乙庚之歲起戊寅　丙辛之歲起庚寅

丁壬之歲起壬寅　戊癸之歲起甲寅

【解析】

①安身命例

※紫微斗數這一門命理學，對於安身宮和命宮的排法，是和『五星學』，講究（七政四餘）的排法是不一樣的。（其實它和『八字學』的命宮位置也不一樣。）

斗數中要算人的命宮，大都是從寅宮以正月開始算，順時針方向數，數到其人的出生月份的宮位為止。再由上面所數到的宮位上算是子時，再逆時針方向數到其人出生時辰的宮位，此宮位就是命宮。倘若由先前數到的出生月份的宮位，由順時針方向數到出生時辰所在的宮位，就是身宮。

舉例：假如正月生，又生於子時（一月生的人，又生在子時），其人的命宮、身宮就同時會在寅宮。

生於正月，又生於丑時的人，就要從寅宮逆時針方向數到丑宮來安命宮。再由寅宮為子，順時針方向（子、丑）數到卯宮來安身宮了。

倘若是生於正月寅時的人，就要以寅宮開始算，逆時針方向算，子、丑、寅，剛好落在子宮，子宮就是命宮。再從寅宮順時針方向算子、丑、寅，剛好落在辰宮，辰宮就是身宮了。其他的宮位就一步步的逆時針方向排列了。

例如生於正月子時的人，命宮在寅宮，兄弟宮在丑宮，夫妻宮在子宮等等……生於正月丑時的人，命宮在丑宮，兄弟宮在子宮，夫妻宮在亥宮……等等。生於正月寅時的人，命宮在子宮，兄弟宮在亥宮，夫妻宮在戌宮……等等。

倘若是正月是閏月（陰曆中有兩個正月，而出生在後面一個正月中）出生的人，就要從二月開始（卯宮）來起算命宮和身宮了。凡是閏月出生的人，都要以此為例。就是要從次一個月來起身、命宮。

※特別要注意的是命理上月建是以『節』做一個月的交脫期限。例如正月是從立春開始到驚蟄之前為正月。二月（卯月）是從驚蟄那一天到清明的前一天為二月。三月（辰月）是以清明那一天開始算，到立夏的前一天為止，為三月。四月是由立夏開始算到芒種的前一天為止。五月是芒種的那一天到小暑的前一天為止。六月是小暑那天開始到立秋的前一天為止。七月是立秋那一天開始，到白露的前一天為止。八月是白露的那一天開始，至寒露的前一天為止。九月是寒露的那一天開始至立冬的前一天為止。十月是立冬的那一天到大雪的前一天為止。十一月是大雪的那一天到小寒的前一天為止。十二月是小寒的那一天到立春的前一天為止。

※算命講究的是『節的氣候』問題。閏月生的人最重要的是要以『節的交脫』為準，來看是屬於前一個月或後一個月所生的人。並不可以一概以後一個月來起命宮，這樣可能會有錯。讀

者必須特別注意此事。例如民國五十七年（戊申年）九月五日生的人，農曆在閏七月十三日。白露節在十五日的夜子時。故生在白露節之前，應還是七月份生的人，不可算是八月生的人，一定要在白露節以後出生的人才可算是八月生的人。

『納音甲子歌』一定要熟讀、熟記，『五行起實例』也要熟記。

例如：甲年生的人，立命宮在寅宮，命宮之干支，寅宮起丙寅開始。在『納音甲子歌』中有『丙寅、丁卯爐中火』一句，因此要到五行局的火局中去找以出生日的那一天來起紫微星。（這就是定五行局，再從五行局中以生日的日數來定出紫微星落在何宮。紫微星落座後，命盤格式就成立了。命理格局也有了一定的形勢。人一生的命與運也大致敲定。）

例如：如果是正月初一出生的人是火六局，初一在酉宮，就是紫微在酉宮就沒錯了。其人就是命坐酉宮為紫貪坐命的人。同時也是『紫微在酉』命盤格式的人。其他的兄弟宮、夫妻宮……父母宮等等也一一展現出來了。

倘若弄錯了五行局，或紫微落錯了宮位，就會差得很遠了。命格全不一樣，也全錯了。

②安十二宮例

無論男子或女子，十二宮的位置方向皆是逆時針方向排列的。第一宮是命宮。第二宮是兄弟宮。第三宮是夫妻宮。第四宮是子女宮。第五宮是財帛宮。第六宮是疾厄宮。第七宮是遷移宮。第八宮是僕役宮。第九宮是官祿宮。第十宮是田宅宮。第十一宮是福德宮。第十二宮是父母宮。

例如：命宮在子宮的人。其十二宮的位置如下：

僕役宮 巳	遷移宮 午	疾厄宮 未	財帛宮 申
官祿宮 辰			子女宮 酉
田宅宮 卯			夫妻宮 戌
福德宮 寅	父母宮 丑	命宮 子	兄弟宮 亥

③起五行實例

甲年、己年生的人，在命盤中寅宮的天干是『丙』開始的。寅宮是丙寅，卯宮是丁卯，辰宮是戊辰，巳宮是己巳，午宮是庚午，未宮是辛未，申宮是壬申，酉宮是癸酉，戌宮是甲戌，亥宮是乙亥。乙年、庚年生的人，在命盤中寅宮的天干是『戊』開始的。寅宮是戊寅，卯宮是己卯，辰宮是庚辰，巳宮是辛巳，午宮是壬午，未宮是癸未，申宮是甲申，酉宮是乙酉，戌宮是丙戌，亥宮是丁亥。

丙年、辛年生的人，在命盤中寅宮的天干是『庚』開始的。寅宮是庚寅，卯宮是辛卯，……以此類推。

丁年、壬年生的人，在命盤中寅宮的天干是『壬』開始的。寅宮是壬寅。卯宮是癸卯，……以此類推。

戊年、癸年生的人，在命盤中寅宮的天干是『甲』開始的。寅宮是甲寅。卯宮是乙卯，……以此類推。

附：十二宮天干表請讀者查用。

十二宮天干表

十二宮地支 ＼ 十二宮天干 ＼ 本生年干	甲己	乙庚	丙辛	丁壬	戊癸
寅	丙	戊	庚	壬	甲
卯	丁	己	辛	癸	乙
辰	戊	庚	壬	甲	丙
巳	己	辛	癸	乙	丁
午	庚	壬	甲	丙	戊
未	辛	癸	乙	丁	己
申	壬	甲	丙	戊	庚
酉	癸	乙	丁	己	辛
戌	甲	丙	戊	庚	壬
亥	乙	丁	己	辛	癸
子	丙	戊	庚	壬	甲
丑	丁	己	辛	癸	乙

2. 六十花甲子納音歌

【原文】

六十花甲子納音歌

甲子乙丑海中金　丙寅丁卯爐中火　戊辰己巳大林木　庚午辛未路旁土　壬申癸酉劍鋒金

甲戌乙亥山頭火　丙子丁丑澗下水　戊寅己卯城頭土　庚辰辛巳白蠟金　壬午癸未楊柳木

甲申乙酉泉中水　丙戌丁亥屋上土　戊子己丑霹靂火　庚寅辛卯松柏木　壬辰癸巳長流水

甲午乙未沙中金　丙申丁酉山下火　戊戌己亥平地木　庚子辛丑壁上土　壬寅癸卯金箔金

甲辰乙巳覆燈火　丙午丁未天河水　戊申己酉大驛土　庚戌辛亥釵釧金　壬子癸丑桑柘木

甲寅乙卯大溪水　丙辰丁巳沙中土　戊午己未天上火　庚申辛酉石榴木　壬戌癸亥大海水

【解析】

『六十花甲子』是以十天干配十二地支，所產生的干支，一共有六十個，在中國的農曆《陰曆（太陰曆）以月亮盈虧為主的計算曆法的方式》中用以來計算年份、月份、日子、時辰等計算單位。這種計算單位是以甲子為開頭、第一位數的，故稱為六十甲子。

※花甲子：古人以人之歲數至六十歲為一個人生完美的階段。此時人的頭髮開始花白，為求帶有喜慶吉祥的意味，故稱六十歲、六十年為一『花甲子』。

※納音：古時中國人以音律『宮、商、角、徵、羽』為五音，中國語言的發音，也以此五音來紀錄、傳襲後世。（不像外國人的音律有七個音階）。一音有十二律，五律共有六十律。並將五音用氣化感應的方式變為五行（金、火、木、水、土）。

古法論命，生剋變化，皆以取用納音為準。例如甲子年、乙丑年納音金（唸出聲音的五行屬金）。在納音歌謠中稱為海中金。丙寅年、丁卯年，唸出聲音的納音屬火。在納音歌謠中稱為爐中火等等。

海中金是形容金的體性如大海水中的金，是會沈入海底、堅硬的金塊。

甲午、乙未是沙中金，形容其納音五行的金性，如細粒，在沙中呈現金光熠熠的樣子。庚戌、辛亥是釵釧金，形容其金性如女人頭上帶的金釵和女人手上帶的釧鐲一般，皆是美麗之物的金飾，經過人造加工鍛鍊，其性質就沒有那麼堅硬了。

丙寅、丁卯爐中火，形容其火性如爐中融融之火，很熱烈但並不是很大。

甲戌、乙亥山頭火，形容其火性是在山頭無端的冒出，很難將它撲滅，這是自然現象形成的，可大可小。

甲辰、乙巳覆燈火，形容其火性是如燈被蓋上燈罩，將之熄滅時所最後展現的星火之光。

※納音歌：古代從事命理工作者，以六十個干支分別以納音法配上五行、配上形容詞以形容其體性，並將此做成歌謠，以方便後學者便於記憶、學習之用。

納音五音歸類

金

甲子	壬寅	庚辰
乙丑 墓	癸卯	辛巳 長生
甲午	壬申 祿	庚戌 罡魁
乙未	癸酉	辛亥

木

壬子	庚寅 臨官	戊辰
癸丑 罡魁	辛卯	己巳
壬午	庚申	戊戌
癸未 墓	辛酉	己亥 長生

土

庚子	戊寅	丙辰 墓
辛丑	己卯	丁巳
庚午	戊申	丙戌
辛未	己酉	丁亥

火

戊子	丙寅 長生	甲辰 罡魁
己丑		乙巳 臨官
戊午	丙申	甲戌 墓
己未	丁酉	乙亥

水

丙子	甲寅	壬辰 墓
丁丑	乙卯	癸巳
丙午	甲申 長生	壬戌
丁未 罡魁	乙酉	癸亥 臨官

六十花甲子納音歌表如下：

金(商)			火(徵)			木(角)		
甲子乙丑 海中金	壬寅癸卯 金箔金	庚辰辛巳 白臘金	戊子己丑 霹靂火	丙寅丁卯 爐中火	甲辰乙巳 覆燈火	壬子癸丑 桑柘木	庚寅辛卯 松柏木	戊辰己巳 大林木
庚戌辛亥 釵釧金	壬申癸酉 劍鋒金	甲午乙未 砂中金	甲戌乙亥 山頭火	丙申丁酉 山下火	戊午己未 天上火	戊戌己亥 平地木	庚申辛酉 石榴木	壬午癸未 楊柳木

水(羽)			土(宮)					
丙子丁丑 澗下水	甲寅乙卯 大溪水	壬辰癸巳 長流水	庚子辛丑 壁上土	戊寅己卯 城頭土	丙辰丁巳 砂中土			
壬戌癸亥 大海水	甲申乙酉 井泉水	丙午丁未 天河水	丙戌丁亥 屋上土	戊申己酉 大驛土	庚午辛未 路旁土			

3. 安南北諸星訣

安時系星訣（文昌、文曲、火、鈴、地劫、天空）

安月系星訣（左輔、右弼、天馬）

安干系星訣（祿存、擎羊、陀羅、四化星、天魁、天鉞）

【原文】

安南北斗諸星訣

紫微天機逆行旁　隔一陽武天同當　又隔二位廉貞地
空三復見紫微郎　天府太陰與貪狼　巨門天相及天梁
七殺空三破軍位　八星順數細推詳

【解析】

紫微諸星
天府諸星的排列方法

在命盤格式決定後，已經首先知道紫微星落於何宮了。再由紫微星所在的宮位逆時針方向算，在逆時針方向的第一宮位置安天機星，（天機在紫微旁邊的臨宮位置）。天機星之後，中間隔一個宮位安太陽星，再下一個宮位安武曲星，再下一個宮位安天同星。此時再由天同星開始算，中間隔兩個宮位再安廉貞星。廉貞星之後再空三個空宮，第四個宮位又是紫微星了。以上是紫微諸星的排法，全都是逆時針方向算的。

紫微諸星一覽表

星級	甲				
諸星／紫微	天機	太陽	武曲	天同	廉貞
子	亥	酉	申	未	辰
丑	子	戌	酉	申	巳
寅	丑	亥	戌	酉	午
卯	寅	子	亥	戌	未
辰	卯	丑	子	亥	申
巳	辰	寅	丑	子	酉
午	巳	卯	寅	丑	戌
未	午	辰	卯	寅	亥
申	未	巳	辰	卯	子
酉	申	午	巳	辰	丑
戌	酉	未	午	巳	寅
亥	戌	申	未	午	卯

起天府星

重點：天府星是隨紫微星而移動的，兩星只有在『寅宮』、『申宮』為同宮。

紫微在巳宮時、天府在亥宮時，天府星在巳宮時、紫微星在亥宮為相望的狀態。其他的時候，紫微從子宮起，順時針方向移動時，天府星是呈逆時鐘方向移動的，而形成斜角的狀態。由簡易表中即可得知此狀況。

星級／諸星	紫微	甲 天府
	子	辰
	丑	卯
	寅	寅
	卯	丑
	辰	子
	巳	亥
	午	戌
	未	酉
	申	申
	酉	未
	戌	午
	亥	巳

天府諸星的排法

天府星定了以後，順時針方向，依次序將太陰、貪狼、巨門、天相、天梁、七殺填入依次的宮內。再隔三個宮位，填入破軍星。天府諸星便排好了。

天府諸星排法簡易表

星級 / 諸星 / 天府	甲						
	太陰	貪狼	巨門	天相	天梁	七殺	破軍
子	丑	寅	卯	辰	巳	午	戌
丑	寅	卯	辰	巳	午	未	亥
寅	卯	辰	巳	午	未	申	子
卯	辰	巳	午	未	申	酉	丑
辰	巳	午	未	申	酉	戌	寅
巳	午	未	申	酉	戌	亥	卯
午	未	申	酉	戌	亥	子	辰
未	申	酉	戌	亥	子	丑	巳
申	酉	戌	亥	子	丑	寅	午
酉	戌	亥	子	丑	寅	卯	未
戌	亥	子	丑	寅	卯	辰	申
亥	子	丑	寅	卯	辰	巳	酉

【原文】

安文昌文曲星訣論本生時

子時戌上起文昌　逆到生時是貴鄉　文曲數從辰上起　順到生時是本鄉

文昌星從戌上起子時，如人生子時就在戌宮安，若丑時逆至酉宮安之。文曲星從辰上起子時，若人生子時就要辰宮安，若丑時順去巳宮安之，餘宮倣此。

【解析】

文昌、文曲是時系星，以人之出生時辰來安之。

生在子時的人，在戌宮安文昌。倘若是生於其他時辰的人，則是以戌宮以子算起，逆時針方向數子、丑、寅、卯……看是什麼時辰生的就數到何宮，寅時生的，從戌宮為子，再逆時針方向數子、丑、寅。寅剛好落在申宮，因此文昌就在申宮了。文昌是文魁之星，主文貴，故稱文昌所在的宮位為貴鄉。

文曲星從辰宮起算，生於子時的人，文曲星在辰宮。倘若是生在其他的時辰，就要看是生於何時辰，再從辰宮算子，順時針方向子、丑、寅……數到生時的宮位，便是文曲星所要安的宮位了。

時系諸星表

本生時 ＼ 星級 ＼ 年支 ＼ 諸星	甲	甲	甲	甲	甲	甲	甲	甲	甲	甲	乙	乙	乙	乙
			寅午戌	寅午戌	申子辰	申子辰	巳酉丑	巳酉丑	亥卯未	亥卯未				
	文昌	文曲	火星	鈴星	火星	鈴星	火星	鈴星	火星	鈴星	地劫	天空	台輔	封誥
子	戌	辰	丑	卯	寅	戌	卯	戌	酉	戌	亥	亥	午	寅
丑	酉	巳	寅	辰	卯	亥	辰	亥	戌	亥	子	戌	未	卯
寅	申	午	卯	巳	辰	子	巳	子	亥	子	丑	酉	申	辰
卯	未	未	辰	午	巳	丑	午	丑	子	丑	寅	申	酉	巳
辰	午	申	巳	未	午	寅	未	寅	丑	寅	卯	未	戌	午
巳	巳	酉	午	申	未	卯	申	卯	寅	卯	辰	午	亥	未
午	辰	戌	未	酉	申	辰	酉	辰	卯	辰	巳	巳	子	申
未	卯	亥	申	戌	酉	巳	戌	巳	辰	巳	午	辰	丑	酉
申	寅	子	酉	亥	戌	午	亥	午	巳	午	未	卯	寅	戌
酉	丑	丑	戌	子	亥	未	子	未	午	未	申	寅	卯	亥
戌	子	寅	亥	丑	子	申	丑	申	未	申	酉	丑	辰	子
亥	亥	卯	子	寅	丑	酉	寅	酉	申	酉	戌	子	巳	丑

例如生於寅時的人，從辰宮起子，順時針方向數子、丑、寅，剛好在午宮，文曲星便應在午宮了。

文昌星從辰宮開始算子時，如果生於子時，文曲就在辰宮。倘若生於丑時，則順時針方向數子、丑，就在巳宮安文曲星了。其他時辰生的人，倣造此法來排文昌、文曲星。

【原文】

安左輔右弼星訣 本論月時

左輔正月起於辰　順逢生月是貴方　右弼正月宮尋戌　逆至正月便調停

左輔從辰上起正月，順行如正月生者就辰宮安之，二月在巳宮。

右弼從戌宮逆轉，如正月便戌宮安之，二月在酉宮，餘倣此。

【解析】

左輔、右弼是月系星，以人之出生月份來安之。生於正月的人，左輔星在辰宮。生於其他月份的人，則以辰向巳開始算了，順時針方向數一、二、三、四……，如生於三月，就由辰起算一、二、三，剛好在午宮，左輔就安在午宮。左輔是平輩貴人星，故稱左輔所在的宮位為貴方。

安右弼以正月在戌宮（出生月份是一月的人，右弼必在戌宮）。其他月份出生的人，要從戌宮開始，逆時針方向數位、排列。

安左輔星：生於正月的人，左輔安在辰宮，順時針方向算，生於二月的人，左輔星在巳宮。生於五月的人，左輔星在申宮。

安右弼星：生於正月，右弼就在戌宮，生於二月，必須逆時針方向算右弼在酉宮。生於五月，右弼星在寅宮，其他時間出生的人，也照此法來排。

月系諸星表

星級	甲		乙		
諸星／本生月	左輔	右弼	天刑	天姚	天馬
正月	辰	戌	酉	丑	申
二月	巳	酉	戌	寅	巳
三月	午	申	亥	卯	寅
四月	未	未	子	辰	亥
五月	申	午	丑	巳	申
六月	酉	巳	寅	午	巳
七月	戌	辰	卯	未	寅
八月	亥	卯	辰	申	亥
九月	子	寅	巳	酉	申
十月	丑	丑	午	戌	巳
十一月	寅	子	未	亥	寅
十二月	卯	亥	申	子	亥

【原文】

安天魁天鉞訣 論本生年干

甲戊庚牛羊　乙己鼠猴鄉　六辛逢馬虎　壬癸兔蛇藏　丙丁豬雞位

此是貴人方 二星主科甲，身命若逢之，金榜題名之客。

【解析】

天魁、天鉞是干系星，以人之出生年份來安之。

甲年、戊年、庚年生的人，天魁星都是在丑宮，天鉞星都是安在未宮。

乙年、己年生的人，天魁安在子宮，天鉞安在申宮。

六辛是指辛年生的人，包括辛丑、辛卯、辛巳、辛未、辛酉、辛亥年生的人。辛年生的人，都是把天魁星安在午宮，天鉞星安在寅宮。

壬年、癸年生的人，天魁安在卯宮，天鉞安在巳宮。

丙年、丁年生的人，天魁在亥宮，天鉞在酉宮。

天魁、天鉞，一個是天乙貴人，一個是玉堂貴人。此二星所在的宮位因此被稱做是『貴人方』。魁、鉞二星主科甲、功名。人的身宮、命宮有魁、鉞，常是考試順利，為金榜高中之人。

干系諸星表

星級	甲			甲		甲			
諸星／年干	祿存	擎羊	陀羅	天魁	天鉞	化祿	化權	化科	化忌
甲	寅	卯	丑	丑	未	廉貞	破軍	武曲	太陽
乙	卯	辰	寅	子	申	天機	天梁	紫微	太陰
丙	巳	午	辰	亥	酉	天同	天機	文昌	廉貞
丁	午	未	巳	亥	酉	太陰	天同	天機	巨門
戊	巳	午	辰	丑	未	貪狼	太陰	右弼	天機
己	午	未	巳	子	申	武曲	貪狼	天梁	文曲
庚	申	酉	未	丑	未	太陽	武曲	天同	太陰
辛	酉	戌	申	午	寅	巨門	太陽	文曲	文昌
壬	亥	子	戌	卯	巳	天梁	紫微	左輔	武曲
癸	子	丑	亥	卯	巳	破軍	巨門	太陰	貪狼

【原文】

安天馬星訣論本年支

寅午戌人馬居申　申子辰人馬居寅　巳酉丑人馬居亥　亥卯未人馬在巳

如安命在辰、戌、丑、未，遇夫妻宮在寅、申、巳、亥有天馬，若得同位或三方照臨，必主男為官女封贈，不然祿馬交馳亦吉。

【解析】

天馬星就是驛馬。出自五星學的神煞之一。古代論命如李虛中論命皆以年為主。故驛馬以年支來論之。例如寅年、午年、戌年生的人，驛馬在申宮。申年、子年、辰年生的人，驛馬在寅宮。巳年、酉年、丑年生的人，驛馬在亥宮。寅年、午年、戌年生的人，驛馬在申宮。亥年、卯年、未年生的人，驛馬在巳宮。

在紫微斗數中天馬星歸於月系星。因為斗數以月、日、時為重。故天馬星的安法，以月為主。

例如寅月、午月、戌月生的人，天馬星在申宮。

申月、子月、辰月生的人，天馬星在寅宮。

巳月、酉月、丑月生的人，天馬星在亥宮。

亥月、卯月、未月生的人，天馬星在巳宮。

天馬星一定在寅、申、巳、亥四個宮位。此四個宮位為四馬之地。（天馬星的安法表格在30頁中，請參考。）

如果命宮在辰宮、戌宮、丑宮、未宮的人，其夫妻宮是在寅宮、申宮、巳宮、亥宮中有天馬星，夫妻宮再有同宮和三合宮位中有祿星照臨則主其人男子可為官，女子可得到政府的佳獎，可為官夫人。要不然有祿存（祿存化祿）和天馬同宮稱祿馬交馳，也是非常吉利可獲大財富的。

【原文】

安祿存星訣 論本年干

甲生祿存在寅宮　乙生在卯丙戊巳　丁己祿存停午方　庚祿居申辛祿酉

壬祿在亥癸祿子

安擎羊陀羅二星訣

祿前擎羊後陀羅　夾限逢凶禍患多　歲限逢之俱不利　人生遇此莫蹉跎

此二星隨祿存安之，祿前安擎羊，祿後安陀羅。

假如癸祿在子，丑宮安擎羊、亥宮安陀羅，餘倣此。

【解析】

祿存星是干系星，以本生年干為何而安之。

甲年生的人，祿存在寅宮。乙年生的人，祿存在卯宮。丙年、戊年生的人，祿存在巳宮。

丁年、己年生的人，其祿存都是在午宮。

庚年生的人，祿存在申宮。辛年生的人，祿存在酉宮。壬年生的人，祿存在亥宮。癸年生的人，祿存在子宮。

（祿存的排法表格請看32頁中『干系諸星』的排法）

擎羊、陀羅也是干系星，以本生年之年干來排定。

祿存之前一宮安擎羊星，祿存之後一宮位安陀羅星。羊陀相夾運限，有較多的凶災禍事。流年、歲限（小限）逢到不論是羊、陀運或相夾限運，都是不利的。在人生中遇此運，一定事有拖延不順，要小心，多努力，不要讓事情蹉跎耽誤了。

羊陀二星是隨祿存所在的宮位來安的，祿存前一宮安擎羊，祿存後一宮安陀羅。

假如癸年生的人，祿存會在子宮，那麼擎羊就在丑宮，陀羅就在亥宮。其他的年份生的人，做造此類來安。

（擎羊、陀羅二星的排法請看32頁中『干系諸星』的排法）

【原文】

安祿權科忌四星變化訣 論生年干挾火而化

甲廉破武陽為伴　乙機梁紫月交侵　丙同機昌廉貞位　丁月同機巨門尋

戊貪月弼機為主　己武貪梁曲最平　庚日武同陰為首　辛巨陽曲昌至臨

壬梁紫輔武宿是　癸破巨陰貪狼停　如甲生人廉貞化祿、破軍化權、武曲化科、太陽化忌是也，餘做此。

【解析】

安化祿、化權、化忌，四化星變化歌訣

化祿、化權、化科、化忌四化星都是『干系星』，以出生年的年干來排定的。（四化星之表格請看32頁『干系諸星』表中）

甲年生的人有：廉貞化祿、破軍化權、武曲化科、太陽化忌。
乙年生的人有：天機化祿、天梁化權、紫微化科、太陰化忌。
丙年生的人有：天同化祿、天機化權、文昌化科、廉貞化忌。
丁年生的人有：太陰化祿、天同化權、天機化科、巨門化忌。
戊年生的人有：貪狼化祿、太陰化權、右弼化科、天機化忌。
己年生的人有：武曲化祿、貪狼化權、天梁化科、文曲化忌。
庚年生的人有：太陽化祿、武曲化權、天同化科、太陰化忌。
辛年生的人有：巨門化祿、太陽化權、文曲化科、文昌化忌。
壬年生的人有：天梁化祿、紫微化權、左輔化科、武曲化忌。
癸年生的人有：破軍化祿、巨門化權、太陰化科、貪狼化忌。

※很多書中以庚年為太陰化科、天同化忌為錯誤。紫微斗數全書中也是以天同化科、太陰化忌為標準正確之排法。以前的學者所造成的錯誤，影響了很多人，因此特別在此聲明：天同是不會化忌的。天同是福星，再遇忌星也能化難呈祥，沒有意義，是故天同不會化忌。每一個星帶有忌星，就會有逃不掉的磨難、是非。太陽化忌是與男子、雄性、人生、事業的光明面上所遭受的磨難。太陰化忌是與女性、雌性、感情、金錢、財運、儲蓄、田宅上問題的磨難、是非。廉貞化忌是與官非、打官司、犯刑、血光、血液、鬥爭、計畫、策劃、智慧、計謀上的磨難與是非。

△巨門化忌是與口才、言語、口舌是非、糾紛上所產生問題的磨難不順。

△天機化忌是運氣上產生多變不吉的因素，做事做不成，事情多變、不穩定，容易遷動、遷徙、感情起伏不定、情緒多變的問題，而造成磨難。

△文曲化忌是與口才、才藝、身體的動感、活動力、錢財不順、人緣不佳、桃花變色易起糾紛等問題上的磨難、是非。

△文昌化忌是與智慧、計算能力、文書、契約、著作、文化氣質、讀書學習能力上的問題，所產生的磨難、錯誤。

△武曲化忌是與錢財、政治權力上、性格堅定上所產生的磨難。主要是以錢財不順，沒有人緣機會為主。

△貪狼化忌是與人緣、機會、好運、體能的活動力上所產生的磨難。主要以人緣、機會為主。

※四化星的主要功能，是對人之命格、命運作出加分、減分的作用。化祿是在人命和人生中對於金錢、人緣、機會作出加分的作用。加分的力量很大。以所跟隨的主星旺弱有層次等級的

不同。也以所跟隨的主星性質有層級的不同。化祿是祿星，以財為主，故以跟隨財星化祿，加分的層次最高。以跟隨耗星（破軍）、囚星（廉貞）加分的層次最低。其他如跟隨『機、月、同梁』，太陽等星，加分的層次也不頂高，只是中等、公務員的薪資而已。化祿跟隨上述這些星時，只不過在工作上、官職上略有財祿而已。

◎化權星是在人命和人生中的運氣裡，是對主掌權力，主控權、主導地位，威嚴、穩重、制服別人，強行達成自己的願望而有所加分的。加分的力量很大。但是要以所跟隨的主星旺弱有層次等級之分，並且也以所跟隨的主星性質不同，而有層級力量不同大小。

△化權星以跟隨官星如紫微、太陽為最有力。可以增加官位、權勢的力量。做武職的人最好要有武曲化權（主導政治手段和權勢）、貪狼化權（主導好運、爭戰力量）、破軍化權（主導爭戰、破壞性及攫取的力量）。以上都是非常強勢的，和政治有關，主導權勢的化權加分力量。

△武曲化權特別在錢財方面也具有超強的主導力量，可掌控、攫取錢財。太陰化權也是在錢財方面同樣具有超強的主導力量。但太陰化權性格較武曲化權稍微溫和、緩慢一點。而且太陰有儲蓄性的特色，能主導房地產、銀行存款，在財運上的性質和武曲不同。

△巨門化權並以口才和是非為導向的主導、主控能力。對於口才上的煽動力、糾紛中的說服力和製造混亂，以亂來得利的現象濃厚。

△天機化權是在變化中獲得主控、主導的權力、地位。力量也很強。

△天同化權是以天生超自然的能力，來得到掌控、主導的權力。天同是福星。因此這是一種眾望所歸，黃袍加身，在溫和、氣氛好的情況下自然形成的力量。也因為情勢所需，不得不接

受的，而可行使的一種主導性、主控性的權力。

△天梁化權是由長輩、上司，或先祖遺留給其人，也算是一種自然形成的主控、主導的權力、地位。天梁是蔭星，故有上天的眷顧，而讓其人可用頑固的、強勢的主控權來主導一切事物。

◎化科星在人命和人生運途中，是帶有文質色彩的化星。主要對於人的辦事能力、文化氣質、藝術性、知識性、溫和柔順的性格產生幫助的力量。因此化科在人命、人運的加分上並不如祿、權那樣強勢。但是對於考試、升官、學習能力，從事文化、文藝的工作是有非常大的作用的。通常人命以溫和、氣質高雅、有學習能力、生活平順、幸福、圓滿，沒有尅傷，有官運、有地位，為人生最高境界。因此化科星在人生的光明面中就有最積極的力量了。這也形成一種強勢的力量。

△化科星要以跟隨的主星，是否是文星或貴人星為最有力。跟隨昌、曲、左、右為最佳的文質主導力量。化科星跟隨天同福星、太陰星也非常好，一個是自然的福力雄厚，一個是溫和柔美、多情，也會形成幸福圓滿的人生光明面，因此也算算有力的力量。

△化科跟隨武曲、天梁、天機、紫微就不算最有力的力量了。武曲化科，最多只是會理財，在政治性或多財銅臭的情況下有一點文質彬彬的氣質，可文武全才。

△天梁化科是蔭星遇化科，在貴人運中可產生文質、溫和的現象。力道並不強。表示有溫和，有文化水準的貴人會出現。

△紫微化科是帝座遇化科。紫微是帝座，也是官星。表示只是在官途或事業上，以極溫和、帶有文化氣息的方式來呈現祥瑞的吉兆。

（有關四化星的實質內容，在法雲居士所著『實用紫微斗數精華篇』一書中有詳盡的解說。）

【原文】

安火鈴二星訣

寅午戌人丑卯方　子申辰人寅戌揚　巳酉丑人卯戌位　亥卯未人酉戌房

天空地劫訣 論本生時

亥上起子順安劫　逆回便是天空鄉　如子時生者，劫空俱在亥宮；若丑時生者劫順在子宮，空逆在戌宮；若午時生者劫、空俱在巳上安之，餘宮做此。

【解析】

安火星、鈴星二星

火星、鈴星是時系星，以人之出生時辰來排定。

寅年、午年、戌年生的人，安火星的時候，出生於子時是安在丑宮。安鈴星的時候，生於子時，是安在卯宮。以此類推。
（生於丑時火星在寅宮，鈴星在辰宮。生於寅時，火星在卯宮、鈴星在巳宮。……。）（順時針方向往下推）

子年、申年、辰年生的人，安火星、鈴星。生於子時的人，火星安在寅宮，鈴星安在戌宮。（順時針方向往下推，例如丑時生，火星在卯宮，鈴星在亥宮。寅時生的人，火星在辰宮，鈴星在子宮，……以此類推）。

巳年、酉年、丑年生的人，安火星、鈴星。生於子時的人，火星安在卯宮，鈴星安在戌宮。順時針方向往下推。例如生於丑時，火星在辰宮，鈴星在亥宮。……以此類推。

亥年、卯年、未年生的人，安火星、鈴星。生於子時，火星在酉宮，鈴星在戌宮。生於丑時，火星在戌宮，鈴星在亥宮，以此類推。
（火星、鈴星排列表格在27頁『時系諸星表』中，請參考之。）

安天空、地劫

天空、地劫也是時系星。以人之出生時辰來排定。

人生在子時，就在亥宮排天空、地劫二星，此是二星同宮。此後從亥宮開始，順時針方向排地劫，逆時針方向排天空星。如丑時生的人，地劫在子宮，天空在戌宮。寅時生，地劫在丑宮，天空在酉宮。……以此類推。

（天空、地劫二星排法，在27頁『時系諸星表』中。）

【原文】

安天刑天姚星訣

天刑星從酉上起正月順至本月安之　天姚從丑上起正月順至本生月安之

安台輔訣

從午宮起子順數至本生時安之

安封誥訣

從寅宮起子順數至本生時安之

【解析】

安天刑天姚星

天刑星是月系星。正月生的人，天刑在酉宮。其他月份生的人，以順時針方向，以出生的月份數，從酉宮開始順向數幾個宮位。所數到的宮位就是天刑星所在之宮位。例如二月生的人，從酉宮順向往下數一、二，至戌宮，天刑就安在戌宮。三月生的人，從酉宮順向往下數一、二、三至亥宮，天刑就安在亥宮。以此類推。

天姚星也是月系星。以出生月份來安之。正月生的人，天姚在丑宮。其他月份出生者，以月份數，順時針方向往下數，天姚即安在數到的宮位。例如二月生的人，從丑宮開始順數一、二，至寅宮，天姚在寅宮。三月生的人，從丑宮開始順數一、二、三，至卯宮，天姚在卯宮。以此類推。

（天刑、天姚的安法在30頁，『月系諸星表』中，請參考之。）

安台輔星

台輔星是時系星。子時生的人，台輔在午宮。其他時辰生的人，以順時針方向，從午宮往下數子、丑、寅⋯，數到生時即是。

例如丑時生的人，從午宮順向數子、丑，剛好落在未宮，台輔就在未宮。例如寅時生的人，就從午宮順向數子、丑、寅，剛好落在申宮。台輔就在申宮，以此類推。

安封誥星

封誥星也是時系星。子時生的人，封誥在寅宮，其他時辰生的人，從寅宮開始順時針方向數生時即可。例如丑時生的人，從寅宮起順向數子、丑，剛好落在卯宮，封誥就在卯宮。寅時生的人，從寅宮開始順向數子、丑、寅，剛好落在辰宮，封誥就在辰宮。以此類推。

（台輔、封誥二星的安法，請看27頁『時系諸星表』中，請參考之。）

4. 安雜曜諸星訣

（包括日系諸星三台、八座，安天傷、天使訣，安生年博七十二神，支系諸星天哭、天虛、龍池、鳳閣、紅鸞、天喜，長生十二神、流年歲前諸星，流年將前諸星，安截路空亡、安旬中空亡，安斗君、安身主、命主、安大限、安小限、安童限）

【原文】

安三台八座二星訣

三台尋左輔，將初一日加在左輔宮，順數至本生日安之，八座尋右弼，將初一日加右弼宮，逆數至本生日安之是也。

【解析】

安三台、八座二星（三台、八座是日系諸星，按出生日來安之）

要安三台星，必須先要找到命盤中的左輔星的位置，再以左輔星所在的宮位當做初一，順時針方向數到其人的出生日，所臨之宮位便是三台星所在的宮位了。

要安八台星，必須先在命盤中找到右弼星所在的宮位，以此宮位當做初一，再逆時針方向數其人的生日數，所臨之宮位，便是八座星的宮位了。

例如一個人是正月十五所生的人，正月左輔在辰宮，右弼在戌宮，便以辰宮做初一，順時針方向數十五，至午宮，三台便在午宮。以戌宮為初一，逆時針方向數十五，至申宮，八座便在申宮。

※三台、八座為輔日月之光的星曜。三台為耿直無私，有威儀之兆。八座為急躁、直爽、口直心快、多義、善良。三台、八座若逢日月同宮或對照及三合照守，可增日月之光。十二宮無失陷。主貴。

【原文】

安天傷天訣

命前六位是天傷　命後六位天使當（順數命前六位是天傷，命後六位是天使。天傷安在奴僕宮。天使安在疾厄宮，身與歲限夾在傷使中間謂之加夾地，更加惡曜多凶。）

【解析】

安天傷、天使

天傷安在命宮前的第六宮，指的是僕役宮。天使星安在命宮後的第六個宮位，指的是疾厄宮。

※命盤中的十二宮位，如命宮、兄弟宮、夫妻宮……等等皆是逆時針方向排列的。命前六位指的是順時針方向倒數而計算的宮位。命後六宮是指順著十二宮排列方向而數的宮位（其實這是逆時針方向計算的。）

天傷：屬陽，五行屬水，化氣為虛耗，主破耗。在僕役宮主不吉。

天使：屬陰，五行屬水，化氣為災禍。在疾厄宮主病災。

身宮與流運、小限被命盤中的天傷、天使所相夾的，稱為『加夾地』。倘若其中又多煞星，又被傷、使所夾，多病災與破耗，更不吉。

【原文】

安十二宮太歲煞、祿存神歌訣

博士力士青龍續　小耗將軍及奏書　蜚廉喜神病符祿　大耗伏兵至官府

吉凶從此分禍福　要知不拘男女命，尋祿存星陽男陰女順推輪，陰男陽女逆流行。

博士聰明力士權　青龍喜氣小耗錢　將軍威武奏書福　蜚廉主孤喜神延

病符帶疾耗退祖　伏兵官符口舌纏　生平坐守十二煞　方敢斷人禍福源

【解析】

安十二宮太歲煞祿存神歌訣（此即為生年博士十二神）

安一、博士，二、力士，三、青龍，四、小耗，五、將軍，六、奏書，七、飛廉，八、喜神，九、病符，十、大耗，十一、伏兵，十二、官府，共十二顆星皆為丙級雜曜。必須要以祿存所在的宮位，先安博士星，再用陽男陰女、陰男陽女的方式來繼續排下去。陽男、陰女用順時針方向，次一宮位，依次排力士、青龍……等星。陰男、陽女用逆時針方向，依次排列下去。排列順序如上述。

博士主聰明。力士是主權勢、掌權的星。青龍主喜氣。小耗是主小耗財。將軍主威武。奏書主有福，為吉星。蜚廉主孤獨，喜神主延壽。病符會有疾病，大耗會有耗財、失財，臨時退租的問題。伏兵主口舌是非。官符主官非，也有口舌是非。命盤中這十二神煞分別坐守十二宮，以所遇為何，又在何時遇到，知道了這些，才能斷定人的災禍、趨福的根本源流基礎。

※按上述言『生年博士十二神』的講法太籠統，今將解釋並列於後：

博士：五行屬水，主聰明。在人之命宮，主其人有權、有壽，愛好文藝。

力士：五行屬水，主有小權勢，和化權同宮，可增化權的光輝。

青龍：五行屬水，主喜氣，辰年逢之最吉，主進財，有機會變化。

小耗：五行屬火，主小耗財，不聚財，在流年命宮、流年財帛宮、或流月命宮、流月財帛宮有煞星和小耗同宮時，主失財、丟東西、耗財多。

將軍：五行屬木，主威猛，在流日中逢將軍，主有得意威武之事。

奏書：五行屬金，主有福祿，會因文書上有得意之事。

蜚廉：五行屬火，主孤獨剋害，有是非口舌，遭人忌妒或有人造謠之情形。若無吉星化解，亦主緣孤。

喜神：五行屬火，主延續，會有吉慶之事而延續。

病符：五行屬水，主有病災，流年逢之多有病，如再有煞星同宮，流年逢之不吉，有大病。忌入命宮、疾厄宮、福德宮。

大耗：五行屬火，主破財、退租。大耗入人之命宮時，會有丢失財物的習慣。若大耗與桃花星同宮在流年、流月中逢到，有因色失財的問題和煩惱。

伏兵：五行屬火，主有口舌是非，其星性與陀羅類似。

官府：五行屬火，主訟事和口舌刑杖。不可與七殺、白虎、喪門、弔客同宮。

【原文】

安天哭天虛星訣 論本生年支

天哭天虛起午宮　午宮起子兩分蹤　哭逆巳兮虛順未　數到生年便居中

安龍池鳳閣訣 論本生年支

龍池子順辰　鳳閣子戌逆

【解析】

安天哭、天虛星

※天哭、天虛星是支系諸星中之二星。以其人出生年支為何而安之。

天哭：五行屬金，屬陽，主刑剋。

天虛：五行屬陰土，主空亡。

天哭、天虛都在丑宮、卯宮、申宮為入廟，在這三個宮位入人之命宮，為吉象。再有祿存同宮，主其人為名人。天哭、天虛若居陷地入命宮，主孤獨帶刑傷，六親不足，且東謀西就，做事不成，煩惱度日，多心事。大、小限逢天哭、天虛也主不吉利，有哀哭斷腸之事。

天哭、天虛的安法，起自午宮。子年生的人，天哭、天虛都在午宮，丑年生的人，天哭就要逆時針方向數一位在巳宮，而天虛就要順時針方向移一位在未宮。從午宮開始起子，天哭是逆時針方向數子、丑、寅、卯，……數到出生年所逢到的宮位，天哭就在此宮位中了。天虛是以午宮起子，順時針方向數子、丑、寅、卯……數到出生年所逢到的宮位，天虛星便在其宮位中了。

（天哭、天虛的安法請看58頁『支系諸星表』）

安龍池星、鳳閣星

※龍池、鳳閣也是支系諸星中之二星，以其人出生的年支為何而安之。

龍池：五行屬水，屬陽。

鳳閣：五行屬土，屬陽。

二星皆為天上文明之星，主科甲。若入人之命宮，主其人美麗聰敏。性格善良溫和。男子主其人有功名，並且財祿豐，財官並美。女子主其人容貌秀美，多才多藝。鳳閣、龍池以在同宮為最佳。若分開，分別在二宮，則為平常無用。

龍池的安法，是以辰宮起子，順時針方向數子、丑、寅、卯……數到本生年支所逢之宮位，龍池便安在此宮位中。

鳳閣的安法，是以戌宮起子，逆時針方向數子、丑、寅、卯……數到本生年支所逢之宮位，鳳閣便在此宮位中。

（龍池、鳳閣的安法請看58頁支系諸星表。）

【原文】

安長生沐浴冠帶臨官帝旺衰病死墓絕胎養男命順數女命逆數

火局命寅起長生　木局命亥起長生　土局命申起長生　金局命巳起長生

水局命申起長生

【解析】

長生、沐浴、冠帶、臨官、帝旺、衰、病、死、墓、絕、胎、養共計有十二位神煞，稱做『長生十二神』。因為此十二神是以五行局來首定長生之位置（宮位）的，故又稱『五行局長生十二神』。

我們在演算斗數命盤，在起紫微星、定命盤格式之前就要先定五行局了。有了五行局才能起紫微星，和定命盤格式，因此五行局非常重要，安長生十二神也需要有五行局才能定長生所在之宮位。

※長生十二神所代表的意義是人運氣起伏循環的一個過程。人之運氣由長生開始，漸漸轉旺，一層一層，一個階段、一個階段的轉旺，歷經沐浴、冠帶，到臨官極旺了，到了帝旺達到一個最高的高峰點，慢慢走下坡，接著就是衰弱、生病、死、墓（囚），絕滅、胎、養，再重

複到長生是一個循環期。人的運氣就是這麼循環著的。每一個五行局的長生位置（也就是循環的起頭）宮位都不一樣。因此運氣循環的起始點，和運作的過程也不一樣。長生所在的宮位決定後，再依陽男陰女以順時針方向往下排列其他的十一星。陰男陽女則是以逆時針方向往下排。十二顆星剛好分佈在十二宮中，每宮有一顆星存在。

（男命順數，女命逆數為錯誤的。）

【原文解析】

五行局是火六局命格的人，長生是起自寅宮（長生在寅）。

五行局是木三局命格的人，長生是起自亥宮（長生在亥）。

五行局是土五局命格的人，長生是起自申宮（長生在申）。

五行局是金四局命格的人，長生是起自巳宮（長生在巳）。

五行局是水二局命格的人，長生是起自申宮（長生在申）。

長生安定以後，再看是陽男陰女，則順時鐘方向依次排列其他的十一顆星。若是陰男陽女，則逆時鐘方向依次排列其他的十一顆星在十一個宮位中。

安五行長生十二神表

五行局	順逆	長生	沐浴	冠帶	臨官	帝旺	衰	病	死	墓	絕	胎	養
星級		丙											
水二局	陽男陰女	申	酉	戌	亥	子	丑	寅	卯	辰	巳	午	未
	陰男陽女		未	午	巳	辰	卯	寅	丑	子	亥	戌	酉
木三局	陽男陰女	亥	子	丑	寅	卯	辰	巳	午	未	申	酉	戌
	陰男陽女		戌	酉	申	未	午	巳	辰	卯	寅	丑	子
金四局	陽男陰女	巳	午	未	申	酉	戌	亥	子	丑	寅	卯	辰
	陰男陽女		辰	卯	寅	丑	子	亥	戌	酉	申	未	午
土五局	陽男陰女	申	酉	戌	亥	子	丑	寅	卯	辰	巳	午	未
	陰男陽女		未	午	巳	辰	卯	寅	丑	子	亥	戌	酉
火六局	陽男陰女	寅	卯	辰	巳	午	未	申	酉	戌	亥	子	丑
	陰男陽女		丑	子	亥	戌	酉	申	未	午	巳	辰	卯

【原文】

安紅鸞天喜訣

卯上起子逆數之　數到當生太歲支　坐守此宮紅鸞位　對宮天喜不差移

年少婚姻喜事奇　老人必主喪其妻　三十年前為吉曜　五十年後不相宜

【解析】

紅鸞星的安法，就是在卯宮開始算起，以卯宮為子，然後逆時針方向數子、丑、寅、卯、……數到其人的出生年歲時，此宮位便是紅鸞星的宮位了。紅鸞星的對宮，就是天喜星的位置。

人在年紀輕的時候，流年逢到紅鸞、天喜二星，有結婚等喜慶之事。老人逢到紅鸞、天喜等運程，會有喪妻之痛。人在三十歲以前逢到紅鸞、天喜星，可把此二星當做吉星來看。五十歲以後逢到此二星，皆不佳，會有血光、喪偶等禍事，是不好的。

紅鸞、天喜的安法請看後頁『支系諸星表』。

安支系諸星表

本生年支 ＼ 諸星	天哭	天虛	龍池	鳳閣	紅鸞	天喜	孤辰	寡宿	天才	天壽
星級	乙	乙	乙	乙	乙	乙	乙	乙	乙	乙
子	午	午	辰	戌	卯	酉	寅	戌	命宮	由身宮起子順行，數至本生年支，即安天壽星。
丑	巳	未	巳	酉	寅	申	寅	戌	父母	
寅	辰	申	午	申	丑	未	巳	丑	福德	
卯	卯	酉	未	未	子	午	巳	丑	田宅	
辰	寅	戌	申	午	亥	巳	巳	丑	官祿	
巳	丑	亥	酉	巳	戌	辰	申	辰	僕役	
午	子	子	戌	辰	酉	卯	申	辰	遷移	
未	亥	丑	亥	卯	申	寅	申	辰	疾厄	
申	戌	寅	子	寅	未	丑	亥	未	財帛	
酉	酉	卯	丑	丑	午	子	亥	未	子女	
戌	申	辰	寅	子	巳	亥	亥	未	夫妻	
亥	未	巳	卯	亥	辰	戌	寅	戌	兄弟	

【原文】

安喪門白虎吊客官符四飛星訣

流年太歲前二位是喪門，後二位是吊客，喪門對照安白虎，吊客對照安官符。

歲君前二是喪門　後二宮中吊客存　對照喪門安白虎　吊客對照安官符。

【解析】

安喪門、白虎、吊客、官符四飛星

流年太歲指的是流年當歲之年，也就是流年命宮。流年當歲之年的前二位是喪門星的位置（此是順時針方向算的，例如流年當歲為子年，喪門就在寅宮。例如流年當歲是巳年，喪門就在未宮。）

流年當歲之年的後二位是吊客。（例如流年當歲之年是子年，吊客就在戌宮。例如流年當歲之年是巳年，流年太歲在巳宮，吊客就在卯宮。依此法安之。）

白虎星的安法，就是在喪門星的對宮來安白虎星。

官符星的安法，就是在吊客星的對宮來安官符星。

流年當年的流年命宮前二宮安的是喪門星，流年命宮的後二宮，安的是吊客星。喪門對宮可安白虎星。吊客的對照宮位可安官符星。

喪門、白虎、吊客、官符星的安法請看流年歲前諸星表。

※喪門：五行屬水，主喪事、死亡，遭遇不幸，但並不一定有弔喪之事。亦主破財。

白虎：五行屬金，主凶，有凶災。不喜照會喪門、吊客、官符等星。有官事、病災、破財等事。

吊客：五行屬火、主有孝服或不順之事。因是戊級星，必須和甲級星的煞星同宮，才會有災，一般力量不大。亦主家宅不寧。

官符：五行屬火，主訟事，在丑、未宮為入廟，主災輕。喜吉星同宮化解，忌甲級凶星加會主災禍。

安流年歲前諸星表

戊		丁	戊	丁	戊					丁		星級
病符	弔客	天德	白虎	龍德	大耗	小耗	官符	貫索	喪門	晦氣	歲建	諸星／本生年支
亥	戌	酉	申	未	午	巳	辰	卯	寅	丑	子	子
子	亥	戌	酉	申	未	午	巳	辰	卯	寅	丑	丑
丑	子	亥	戌	酉	申	未	午	巳	辰	卯	寅	寅
寅	丑	子	亥	戌	酉	申	未	午	巳	辰	卯	卯
卯	寅	丑	子	亥	戌	酉	申	未	午	巳	辰	辰
辰	卯	寅	丑	子	亥	戌	酉	申	未	午	巳	巳
巳	辰	卯	寅	丑	子	亥	戌	酉	申	未	午	午
午	巳	辰	卯	寅	丑	子	亥	戌	酉	申	未	未
未	午	巳	辰	卯	寅	丑	子	亥	戌	酉	申	申
申	未	午	巳	辰	卯	寅	丑	子	亥	戌	酉	酉
酉	申	未	午	巳	辰	卯	寅	丑	子	亥	戌	戌
戌	酉	申	未	午	巳	辰	卯	寅	丑	子	亥	亥

【原文】

安斗君訣 即月將星是也

於流年太歲宮起正月，逆至本生月，又從本生月起子，順數至本生時安斗君。

太歲宮中便起正　逆尋生月即留停　又從生月宮輪子　順到生時鎮斗星

【解析】

※斗君：即是八字中的神煞，月將星，是從月建（月份）所管一個月中之休咎，主一個月中之吉凶，流月所逢斗君之宮位，須小心，以防有災。

斗君的安法，於流年命宮為正月，逆時針方向算起，數到其人本生月，再從本生月為子，再以子、丑、寅、卯……順時針方向數其人的本生時所在的宮位即是安斗君之位。（斗君之位便是其人真正的流年當年的正月之位。）

流年太歲的宮位起正月，逆數生月停住，再從數到的宮位算子，再順數回來，數到其人的生時，就是安斗君的宮位。斗君又稱鎮斗星。

安子年斗君表

本生年支＼生月	正月	二月	三月	四月	五月	六月	七月	八月	九月	十月	十一月	十二月
子	子	亥	戌	酉	申	未	午	巳	辰	卯	寅	丑
丑	丑	子	亥	戌	酉	申	未	午	巳	辰	卯	寅
寅	寅	丑	子	亥	戌	酉	申	未	午	巳	辰	卯
卯	卯	寅	丑	子	亥	戌	酉	申	未	午	巳	辰
辰	辰	卯	寅	丑	子	亥	戌	酉	申	未	午	巳
巳	巳	辰	卯	寅	丑	子	亥	戌	酉	申	未	午
午	午	巳	辰	卯	寅	丑	子	亥	戌	酉	申	未
未	未	午	巳	辰	卯	寅	丑	子	亥	戌	酉	申
申	申	未	午	巳	辰	卯	寅	丑	子	亥	戌	酉
酉	酉	申	未	午	巳	辰	卯	寅	丑	子	亥	戌
戌	戌	酉	申	未	午	巳	辰	卯	寅	丑	子	亥
亥	亥	戌	酉	申	未	午	巳	辰	卯	寅	丑	子

【原文】

安天德月德解神訣

天德星從酉上起子，順數至流年太歲上是也。

月德星從子上起子，順數至流年太歲上是也。

解神從戌上起子，逆數至當生年太歲上是也。

【解析】

天德星：是流年歲前諸星。主化凶為吉。在流年中遇到天德星，可對桃花有抵制的作用。如果其人命宮中星曜皆為凶星，或陷落之星，有天德同宮，可抵制一半的不吉。天德為丁級星。

天德星的安法，是從酉宮為子，順時針方向數到流年當歲之年支所在的宮位即是。例如流年是辰年，從酉宮當做子，順時針方向數子、丑、寅、卯、辰，剛好落在丑宮，天德就在丑宮。

（天德星的安法請看61頁在流年歲前諸星表中）

月德星從子宮為子，順時針方向數到流年當歲之年支所在的宮位，即是。（現今斗數中少用），月德也主吉。坐命宮，主一生吉利。

解神：解神為月系諸星中之一星。主逢凶化吉，解厄消災。在人的命宮，主一生逢凶化吉。

解神的安法，是從戌宮為子宮，逆時針方向數到其人的出生年支的宮位，即是。（解神的安法請看30頁，『月系諸星表』中。）

【原文】

安飛天三殺訣 即奏書將軍直符

寅午戌年飛入亥卯未宮　申子辰年飛入巳酉丑宮

亥卯未年飛入申子辰宮　巳酉丑年飛入寅午戌宮

奏書口舌禍來侵　將軍飛入悔心驚　直符官災終不免　此是流年三殺星

【解析】

※飛天三殺指的就是奏書，將軍、官府（直符為官府星）。這是生年博士十二神中之三星，是依祿存星所在之宮位，再用陽男陰女，陰男陽女的方式來排定的。

奏書：五行屬金，可因文字上、文書上的事情而得意。因此星剛直，也有口舌之禍而受災。

將軍：五行屬木，主威猛，有急躁，心驚之事。

直符：就是官府，有官災，口舌刑杖之事，主訟。

安飛天三殺訣

寅、午、戌年生的人，奏書在亥宮，將軍在卯宮，官府在未宮。

申、子、辰年生的人，奏書在巳宮，將軍在酉宮，官府在丑宮。

亥、卯、未年生的人，奏書在申宮，將軍在子宮，官府在辰宮。

巳、酉、丑年生的人，奏書在寅宮，將軍在午宮，官府在戌宮。

奏書為口舌之禍，將軍為膽顫心驚之事，直符（官府）為官非災禍，犯官司，這是流年中的三個殺星。

※以上原文是按八字學神煞起例中將奏書、將軍、官府三星以年（歲星）來排定的。但現今的

斗數中已將此三星歸類至『生年博士十二種』之中，從祿存的宮位開始排博士，依陽男陰女順時針方向，陰男陽女逆時針方向排，依次排下去，共有十二種，而將軍排在博士之後的第五個宮位。奏書緊鄰將軍之後，排在第六個宮位，官府排在第十二宮位，緊鄰博士星。故與原文有所不同。並且此文乃後人添加之作，是以八字等之例來添加的，並不合宜。

【原文】

安截路空亡訣 論本生年

甲己申酉宮　乙庚午未宮　丙辛辰巳宮　戊癸子丑宮　丁壬寅卯宮

安旬中空亡訣 論本生年

甲子旬中空戌亥　甲戌旬中空申酉　甲申旬中空午未　甲午旬中空辰巳
甲辰旬中空寅卯　甲寅旬中空子丑

【解析】

※截路空亡，在子平八字中以日為主。今斗數中以年為主。即以十天干和十二地支來配合，遁干壬癸所乘之支。甲遁午至申為壬申。乙遁干至未為癸

未。故甲以申為截路空亡。乙以未為截路空亡，其餘仿此。並以下列十日（十宮位）為截路空亡的宮位。

※截路空亡，簡稱截空，主萬事諸空。忌入命、身宮，喜入疾厄宮。

【原文解析】

甲、己年截空在申、酉宮。乙、庚年截空在午、未宮。丙、辛年截空在辰、巳宮。戊、癸年截空在子、丑宮。丁、壬年截空在寅、卯宮。

截空的排法請看截空簡易表：

截空簡易表

星級	星名＼本生年干	甲	己	乙	庚	丙	辛	丁	壬	戊	癸
丙	截空	申	酉	午	未	辰	巳	寅	卯	子	丑

【解析】

※**旬中空亡**：簡稱旬空。在八字學中為從日起的神煞，稱為『天中煞』（空亡）。亦是以十天干和十二地支配合，會有兩支落空，每一旬中有兩支落空，即稱旬空。

※又旬中是以六十甲子分為甲子旬、甲戌旬、甲申旬、甲午旬、甲辰旬、甲寅旬，共六個旬。（請參考『六十花甲子納音歌』）

甲子旬中包括：甲子、乙丑、丙寅、丁卯、戊辰、己巳、庚午、辛未、壬申、癸酉。（沒有戌、亥，故旬空就是戌、亥。）

甲戌旬中包括：甲戌、乙亥、丙子、丁丑、戊寅、己卯、庚辰、辛巳、壬午、癸未。（沒有申、酉，故旬空就是申、酉。）

甲申旬中包括：甲申、乙酉、丙戌、丁亥、戊子、己丑、庚寅、辛卯、壬辰、癸巳。（沒有午、未，故旬空就是午、未。）

甲午旬中包括：甲午、乙未、丙申、丁酉、戊戌、己亥、庚子、辛丑、壬寅、癸卯。（沒有辰、巳，故旬空就是辰、巳。）

甲辰旬中包括：甲辰、乙巳、丙午、丁未、戊申、己酉、庚戌、辛亥、壬子、癸丑。（沒有寅、卯，故旬空就是寅、卯。）

甲寅旬中包括：甲寅、乙卯、丙辰、丁巳、戊午、己未、庚申、辛酉、壬戌、癸亥。（沒有子、丑，故旬空就是子、丑。）

【原文解析】

甲子旬中，旬空在戌、亥二宮。甲戌旬中，旬空在申、酉二宮。甲申旬中，旬空在午、未二宮。甲午旬中，旬空在辰、巳二宮。甲辰旬中，旬空在寅、卯二宮。甲寅旬中，旬空在子、丑二宮。

安旬空的排法，請看旬空簡易表。

旬空的排法

重點：按照本生年的干支來排，若是陽干（甲、丙、戊、庚、壬年生的人為陽干）安陽位（子、寅、辰、午、申、戌等宮位）。若是陰干（乙、丁、己、辛、癸年生的人為陰干）安陰位（丑、卯、巳、未、酉、亥等宮位）。

旬空簡易法

年干＼年支＼旬空位置	戌亥	申酉	午未	辰巳	寅卯	子丑
甲	子	戌	申	午	辰	寅
乙	丑	亥	酉	未	巳	卯
丙	寅	子	戌	申	午	辰
丁	卯	丑	亥	酉	未	巳
戊	辰	寅	子	戌	申	午
己	巳	卯	丑	亥	酉	未
庚	午	辰	寅	子	戌	申
辛	未	巳	卯	丑	亥	酉
壬	申	午	辰	寅	子	戌
癸	酉	未	巳	卯	丑	亥

【原文】

安大限訣

陽男陰女從命前一宮起（是父母宮）陰男陽女從命後一宮起（是兄弟宮）

安小限訣

不論陰陽男俱順數
不論陰陽女俱逆數

寅午戌人起辰宮　申子辰人起戌宮　巳酉丑人起未宮　亥卯未人起丑宮

安童限訣

一命二財三疾厄　四妻五福六官祿　餘年一派順流行　十五命宮看端的

【解析】

安大限

※大限：即俗稱大運。管十年的吉凶。

排大限要注意有陽男陰女、陰男陽女的差別。陽男陰女俱是順時針方向排列。即是左旋，向父母宮方向依次排列，陰男陽女俱是逆時針方向排列。即是右旋，向兄弟宮的方向依次排列。

※陽男：甲、丙、戊、庚、壬年生的男子，稱為陽男。

陽女：甲、丙、戊、庚、壬年生的女子，稱為陽女。

陰男：乙、丁、己、辛、癸年生的男子，稱為陰男。

陰女：乙、丁、己、辛、癸年生的女子，稱為陰女。

大限簡易表

五行局	生年 \ 大限宮	命宮	兄弟	夫妻	子女	財帛	疾厄	遷移	僕役	官祿	田宅	福德	父母
水二局	陽男陰女	2—11	112—121	102—111	92—101	82—91	72—81	62—71	52—61	42—51	32—41	22—31	12—21
水二局	陰男陽女	2—11	12—21	22—31	32—41	42—51	52—61	62—71	72—81	82—91	92—101	102—111	112—121
木三局	陽男陰女	3—12	113—122	103—112	93—102	83—92	73—82	63—72	53—62	43—52	33—42	23—32	13—22
木三局	陰男陽女	3—12	13—22	23—32	33—42	43—52	53—62	63—72	73—82	83—92	93—102	103—112	113—122
金四局	陽男陰女	4—13	114—123	104—113	94—103	84—93	74—83	64—73	54—63	44—53	34—43	24—33	14—23
金四局	陰男陽女	4—13	14—23	24—33	34—43	44—53	54—63	64—73	74—83	84—93	94—103	104—113	114—123
土五局	陽男陰女	5—14	115—124	105—114	95—104	85—94	75—84	65—74	55—64	45—54	35—44	25—34	15—24
土五局	陰男陽女	5—14	15—24	25—34	35—44	45—54	55—64	65—74	75—84	85—94	95—104	105—114	115—124
火六局	陽男陰女	6—15	116—125	106—115	96—105	86—95	76—85	66—75	56—65	46—55	36—45	26—35	16—25
火六局	陰男陽女	6—15	16—25	26—35	36—45	46—55	56—65	66—75	76—85	86—95	96—105	106—115	116—125

【解析】

安小限

※小限：俗稱小運。管一年中之休咎、吉凶。

排小限時，不論年干之陰陽，而是以男子皆順時針方向排列。女子為逆時針方向而排列。

【原文解析】

寅年、午年、戌年生的人，從辰宮開始起小限。

申年、子年、辰年生的人，從戌宮開始起小限。

巳年、酉年、丑年生的人，從未宮開始起小限。

亥年、卯年、未年生的人，從丑宮開始起小限。

小限的排法請看小限簡易表：

小限簡易表

小限之歲	寅午戌 男	寅午戌 女	申子辰 男	申子辰 女	巳酉丑 男	巳酉丑 女	亥卯未 男	亥卯未 女
一 一三 二五 三七 四九 六一 七三 八五 九七 一〇九	辰	辰	戌	戌	未	未	丑	丑
二 一四 二六 三八 五〇 六二 七四 八六 九八 一一〇	巳	卯	亥	酉	申	午	寅	子
三 一五 二七 三九 五一 六三 七五 八七 九九 一一一	午	寅	子	申	酉	巳	卯	亥
四 一六 二八 四〇 五二 六四 七六 八八 一〇〇 一一二	未	丑	丑	未	戌	辰	辰	戌
五 一七 二九 四一 五三 六五 七七 八九 一〇一 一一三	申	子	寅	午	亥	卯	巳	酉
六 一八 三〇 四二 五四 六六 七八 九〇 一〇二 一一四	酉	亥	卯	巳	子	寅	午	申
七 一九 三一 四三 五五 六七 七九 九一 一〇三 一一五	戌	戌	辰	辰	丑	丑	未	未
八 二〇 三二 四四 五六 六八 八〇 九二 一〇四 一一六	亥	酉	巳	卯	寅	子	申	午
九 二一 三三 四五 五七 六九 八一 九三 一〇五 一一七	子	申	午	寅	卯	亥	酉	巳
一〇 二二 三四 四六 五八 七〇 八二 九四 一〇六 一一八	丑	未	未	丑	辰	戌	戌	辰
一一 二三 三五 四七 五九 七一 八三 九五 一〇七 一一九	寅	午	申	子	巳	酉	亥	卯
一二 二四 三六 四八 六〇 七二 八四 九六 一〇八 一二〇	卯	巳	酉	亥	午	申	子	寅

（表頭：小限之歲／小限值宮／本生年支）

【原文解析】

安童限

安童限是從一歲時以命宮主星為限運。二歲時，以財帛宮的主星為限運。三歲時以疾厄宮的主星為限運。四歲時以夫妻宮的主星為限運。五歲時以福德宮的主星為限運。六歲時以官祿宮的主星為限運。其他的年歲再由命、財、疾、夫、福、官等宮，再輪一遍。到十五歲時就正式由命宮開始主宰人一生的命運了。

※上述看童限之方法為原始看法，常有不準之疑慮。其實像水二局命格的人，二歲即開運了。木三局的人，三歲便開運了，即正式行自己的大運。因此現今斗數學中以其人的五行局為準來看兒童的限運。水二局的人，二歲即開運，開始走自己人生的運程。木三局的人，三歲開運，開始走自己的人生大運。金四局的人，四歲開始走自己的大運。土五局的人，五歲開始行自己的大運。火六局的人，六歲開始開運，行自己的大運。

從命理的實際印證中也得知小孩在開運之後，學習能力開始增強，學習說話、體能的精神旺盛。水二局的兒童是最早開始講完整句子的人，而且口齒清晰，也稍具思考能力，愛發問。目前在學習能力，生長較遲緩的多半是土五局和火六局的兒童，他們較會有生長遲緩、口齒不清，學說話慢，學習能力差等方面的問題。

目前，兒童的限運，在開運之前（在襁褓嬰兒期），是以母親的限運為準的。母親的運好，嬰兒好帶且健康。母親的運差，孩童的命宮主星又為空宮者，嬰兒運差。有災禍，不好養，被遺棄，或遺失的可能。因此必須注意。

若要看兒童在嬰幼兒時期的健康疾病問題，仍以該嬰兒的流年命宮為主。流年命宮吉者為吉運，流年疾厄宮吉者為吉、健康、凶者為凶，有疾病之憂。

若要斷二歲前嬰兒期之嬰兒生疾病生死存亡，則以母親當時之流年、流月的吉凶來做一個判斷。流運吉者，可救活。流運凶者、不存。嬰兒遺失，不知存活，也是這種看法。

【原文】

安命主

貪狼子宮　巨門亥丑宮　祿存寅戌宮　文曲卯酉宮　破軍午宮

廉貞申辰宮　武曲未巳宮　假如午宮安命，尋破軍星在何宮，卯命主星也。子宮安命尋貪狼星即命主也。左輔隨丑至午，右弼隨亥至午。

安身主

子午人火鈴星　丑未人天相星　寅申人天梁星

辰戌人文昌星　巳亥人天機星　卯酉人天同星

【解析】

安命主

安命主，是以命宮所在的宮位來排定的。命宮在子宮的人，命主星就是貪狼星。命宮在丑宮的人，命主是巨門。命宮在寅宮的人，命主是祿存。命宮在卯宮的人，命主是文曲星。命宮在辰宮的人，命主是廉貞。命宮在巳宮的人，命主是武曲。命宮在午宮的人，命主是破軍。命宮在未宮的人，命主是武曲。命宮在申宮的人，命主是廉貞。命宮在酉宮的人，命主是文曲。命宮在戌宮的人，命主是祿存。命宮在亥宮的人，命主是巨門。

※安命主，是以斗數學理中有先天的命主盤而得來的。命主星皆為北斗星曜。每個人可由自己的出生年份查到在先天的命主盤中，值年星宿所代表的命主星。由此來瞭解自己的本命與天道循環中的相互關係。命主星代表其人本命中所隱藏的一些特性。

（欲瞭解命主星，請看法雲居士所著『實用紫微斗數精華篇』一書中有詳細解說。）

命主的排法：

命主簡易表

命宮＼星名	命主
子	貪狼
丑	巨門
寅	祿存
卯	文曲
辰	廉貞
巳	武曲
午	破軍
未	武曲
申	廉貞
酉	文曲
戌	祿存
亥	巨門

安身主

安身主，是以出生年份來安之的。子年和午年生的人，身主為火星和鈴星。丑年和未年生的人，身主是天相星。寅年、申年生的人，身主是天梁星。辰年和戌年生的人，身主是文昌星。巳年和亥年生的人，身主是天機星，卯年和酉年生的人，身主是天同星。

※安身主，是以斗數學理中有先天的身主盤而得來的。身主星皆為南斗星曜。身主是主掌人之生命力的主因。也主宰了內在精神的智慧涵養。

身主星的排法：

身主簡易表

本生年支	身主
子	火星
丑	天相
寅	天梁
卯	天同
辰	文昌
巳	天機
午	火星
未	天相
申	天梁
酉	天同
戌	文昌
亥	天機

5. 論安命金鎖鐵蛇關 定男女竹蘿三限 定十二宮強弱 定十二宮星辰落閑 安流祿流羊流陀訣

【原文】

論安命金鎖鐵蛇關

當從戌上起子年　順數行年月逆推　日又順數時逆轉　小兒壽夭可先知

此法從戌上起子年，順行至本生年，年上起月，逆數至本生月，月上起日，日上起時，逆至本生時，遇丑、未宮病有救，辰、戌宮死。

【解析】

※金鎖鐵蛇關：此法是用來斷定嬰兒是否早夭、有病？會不會死？養不養得活？救不救得了？之法，此為古法。

要看嬰兒是否在『金鎖鐵蛇關』口之上的方法是從戌宮起子年，順時針方向數宮位，數到嬰兒的出生年支。再從數到的宮位上算子月，再逆時針方向，以出生月份來數宮位。數到的宮位，再當做初一，再順時針方向數出生日數回來，數到的宮位上當做子時，再逆時針方向數回去，數到出生時的宮位，看此宮位是什麼宮？若是丑宮或未宮，其病就有救。若是辰宮或戌宮，就無救會死。（因為丑、未宮是日、月之門，而辰、戌宮是墓宮，辰為天罡大煞，戌為河魁，帶煞氣不吉。而丑宮為大吉，未宮為小吉之故。）

舉例：例如辛巳年三月二十四日卯時生方小孩子有病了，要看有沒有救就從戌宮起子，算子年，小孩生在巳年，因此順時針方向數子、丑、寅……數到巳，在卯宮。再以卯宮為一月，逆數一、二、三，在丑宮。以丑宮為初一，順數至二十四日，在子宮。以子宮為子時，逆數到生時，在未宮。為有救了。

倘若落在其他的宮位，只要不在辰、戌宮都不會有立即死亡的危險，只是有病多磨而已。這是古法，準不準有待考證。

【原文】

定男女竹蘿三限

法曰同前帝皇局例只是逆行，以上此二數逆排定，只托三方四正，七殺破軍俱作竹蘿三限。若再加巨暗凶星，便作三方四正定議，若大小二限相遇作死限斷。

【解析】

竹蘿三限：指在命盤中三合宮位和四方宮位中，逢到天空、地劫、七殺、破軍、巨門等星。倘若大運、小限皆在三方四正之中，有三合、四方相互凶星照守，作為死限來斷定。

地劫、天空都是逆時針方向排定的，只有在三合宮位和四方宮位相照的才算。七殺、破軍本就是『殺、破、狼』格局上的二位角色。倘若劫空之一與貪狼同宮，劫空二星中的另一顆星也必須和七殺或破軍同宮才會形成。倘若加入巨門星，巨門星多半會在四方宮位中形成相照的局面。因此竹蘿三限只是指一個特定的時間點，在三合、四方宮位皆有煞星聚集時，大運、小限遇到做極凶論。

一般來說，『羊陀迭併』、『羊陀夾忌』、『七殺迭併』、『廉殺羊』、『廉殺陀』、『巨、火、羊』、『耗逢惡曜』，三重逢合，較會有性命之憂。

【原文】

定十二宮弱強

男命　財帛、官祿、福德、遷移、田宅為強宮。子女、奴僕、兄弟、父母為弱宮

女命　夫君、子息、財帛、田宅、福德為強，餘宮皆弱。

【解析】

男子的命格是以財帛宮、官祿宮、福德宮、遷移宮、田宅宮為強宮。上述這些宮位中要有吉星居旺，就是命格強，命格好的命格。男子命格以子女宮、僕役宮、兄弟宮、父母宮為弱宮。

※因一般男子皆以事業為重，要養家活口，所以以先天的財運、智慧、工作能力，生活、行走的環境，財庫的豐滿為最重要。六親宮反而是弱宮了。

女子命格以夫妻宮、子女宮、財帛宮、田宅宮、福德宮為強宮，其餘的宮位皆為弱宮。

※上文以女子命格的強弱宮位的看法是以古法論之。古代女子妻以夫貴，女子沒有賺取經濟的能力，只能守財而已，故財、福、田等宮好的人，能守財。夫妻宮、子女宮好的人，能有幸福和樂的家庭，老有所養。現今工商業社會，女子與男子同樣有工作能力。因此應該分開來看。倘若女子有工作、事業者，應與男子命格做相同的看法，以財、官、福、遷、田等宮為強宮。倘若是家庭主婦，做家管者，則以夫、子、財、田、福為強宮。

【原文】

定十二宮星辰落閑

紫微在子辰亥為閑宮　貪狼在寅申為閑宮　天相在辰戌為閑宮　七殺在辰亥為閑宮　天梁在巳酉為閑宮　天機在巳為閑宮　破軍在巳申為閑宮　武曲在申為閑宮

【解析】

定十二宮星晨落閑（定十二宮星辰在弱位）

紫微在子宮居平，是旺度最弱的時候，因此紫微在子宮時，只能代表稍具吉祥趨吉的模式，力量不大。

紫微在辰宮與天相同宮，是居得地剛合格之位。因為辰宮屬水，紫微居土，天相屬水，故紫微在辰宮力量不大，反而是天相的力量較大。故稱其落閒。

紫微在亥宮與七殺同宮，是居旺位。但是亥宮是屬水之宮位。紫微屬土，七殺屬金，故紫微在亥宮的力量也不大，反而是七殺的力量大，較兇猛而已。故稱紫微在亥為閑宮。

貪狼星在寅宮、申宮皆居平位。貪狼是好運星，居平陷之位，力量不強，故稱其在閑宮。

天相在辰宮和戌宮皆為得地剛合格之位。辰宮是帶水的溼土之宮位，戌宮是火宮。天相屬水，在辰宮稍好一點，但仍有水土相剋之嫌，天相在戌宮是水火相剋，兩者皆不吉，故稱為閑宮。

七殺在辰宮、亥宮為閑宮。七殺星為帶火之金。辰宮為帶水之土宮，七殺雖在辰宮居旺，但仍有不相合之處。亥宮為水宮，七殺在亥宮居平位，七殺又是帶火之金，故也有不相合之處，故稱閑宮。天梁在巳宮、酉宮為閑宮。天梁屬戊土，巳宮雖有丙、戊祿，但巳宮為金長生之地。天梁在巳宮居陷，故為閑宮。

天梁在酉宮居得地之位，酉宮屬金，天梁在酉，必與太陽同宮，太陽居平陷之位，因此天梁在酉宮不得其位，為閑宮。

天機在巳宮居平陷之位。天機屬木，巳宮屬金，金木相剋，故為閑宮。

破軍在巳宮、申宮為閑宮。破軍屬水，巳宮為火旺之宮，水火相剋，且破軍在巳宮必與居平位之武曲同宮，巳宮亦屬金，利武曲，而破軍弱，故為閑宮。破軍在申宮為得地之位，申宮為土長生之位，有水土相剋之嫌，故為閑宮。

武曲在申宮為閑宮。武曲在申宮必與天相同宮。申宮為土長生之位，有壬祿，利於天相，不利於武曲，故為閑宮。

【原文】

安流祿流羊流陀訣

論流年太歲　假如己丑流年、流祿在午，流羊在未，流陀在巳，如甲子生人安命在巳，小限又在亥，或七殺坐驗訣，小限擎羊又在卯宮，卻是三方四正俱見擎羊、流年流陀、又七殺重逢必遭毒禍，此乃余累試之也。

【解析】

安流年祿存，流年擎羊、流年陀羅

※流年太歲：就是流年所逢之年。

要論流年當年之吉凶，就要看是不是在該流年的三合宮位、與四方宮位中有擎羊、陀羅、七殺等星，倘若流年和小限都逢到，便有災禍。

例如流年是己丑年，流年祿存在午宮，流年擎羊星在未宮，流年陀羅星在巳宮，如果是甲子年生的人，命宮在巳宮，小限又逢亥宮，或者七殺在亥宮（是紫殺同宮），小限的擎羊又在卯宮，在三合宮位、四方宮位都看得到擎羊星、陀羅星、七殺星，會有毒禍。

※上述舉例太繁複，事實上大運、流年、流月三重逢羊陀或七殺者，或有『羊陀夾忌』之惡格者，為災最重，有性命之憂。流年羊、陀除非三重逢合，否則只是不吉、不順而已。

【原文】

論星辰生剋制化

星曜全要明生剋制化之機，次看落於何宮。如廉貞屬火，在寅宮乃木鄉，能生廉貞之火。若武曲金星與廉貞同度，則武曲為財而無用也，餘倣此。

金入火鄉　火入水鄉　水入土鄉　土入木鄉俱為受制

【解析】

要看命理的好壞，一定要完全明瞭星曜的旺弱、彼此相生、相剋、或相互牽制、化解的玄機。其次要看星曜會落於何宮位，處於什麼位置（這和旺弱有關係）。如果廉貞是五行屬火的星，處於寅宮，而寅宮是屬木的宮位，可生廉貞的火（木火相生）。倘若武曲是金星，和屬火的廉貞在相同的角度上，則武曲為財星而沒有用處了。其餘的星也是依此法來看。

凡是屬金的星入火宮，屬火的星入水宮，屬水的星入土宮，屬土的星入木宮都是受到剋制而不吉的。

【原文】

論諸星分屬南北斗化吉、凶并、分屬五行

紫微屬土中天星南北斗化帝座為官祿主　天機屬木南北斗化善為兄弟主

祿存屬土北斗司爵貴壽星　太陽屬火南北斗化貴為官祿主

天同屬水金南斗化福為福德主　廉貞屬火北斗化殺囚在官祿為官祿主

武曲屬金北斗化財為財帛主　天府屬土南斗化令星為財帛田宅主在身命為次桃花

太陰屬水南北斗化富貴為財帛田宅主　貪狼屬水木北斗化桃花殺主禍福

巨門屬水北斗化暗主是非　天相屬水南斗化印為官祿主

天梁屬土南斗化蔭主壽星　七殺屬火金南斗將星遇帝為權

破軍屬水北斗化耗司夫妻子女奴僕　文昌屬金南北斗司科甲乃文魁之首

文曲屬水北斗主科甲　輔弼二星屬土南北斗善住為令星

以上自紫微至輔弼一十八星俱南北斗正曜，魁鉞天馬亦是吉星，俱不入正曜。

魁鉞二星屬火　天馬屬火　擎羊屬金北斗浮星化刑　陀羅屬金北斗助星化忌

火星屬火南斗助星　鈴星屬火南斗助星　天空地劫屬火

天傷天使屬水　化祿屬土喜見祿存　化權屬木喜會巨門武曲

化科屬水喜會魁鉞　化忌屬水即計都星　紅鸞天喜屬水

歲君屬火　博士屬水主聰明　力士屬火主權勢

青龍屬水主喜氣　大小耗屬火小耗錢財大耗退租　將軍屬木主威猛欠和

奏書屬金主福祿　飛廉屬火主孤　喜神屬火主喜氣

伏兵屬火主口舌　病符主病　官府主官符

喪門水　吊客火　白虎金　官符火

【解析】

論各星分別屬於南、北斗星座，以及化吉、化凶的含意，及五行分屬

紫微星五行屬土，是中天斗星中司北斗之星，為帝座，亦為官祿主，管官祿之事。

天機星　五行屬木，為南斗星第三星，化氣為善，為兄弟主。

祿存星　五行屬土，為北斗第三星，管爵祿貴壽之星。

太陽星　五行屬火，為中天斗星，不分南北，化貴，為官祿主。

天同星　五行屬水、屬陽，為南斗星第四星，化福，為福德主。

廉貞星　五行屬火，為北斗第五顆星。化殺囚，在官祿宮為官祿主，在身宮、命宮為次桃花星。

武曲星　五行屬金，為北斗第六星。化財，為財帛主。

天府星　五行屬土，為南斗星第一星，化令星，為主財帛、田宅。

太陰星　五行屬水，為中天斗星。化富，為財帛、田宅主。

貪狼星　五行屬水木，為北斗第一顆星。化桃花殺，主禍福。

巨門星 五行屬水，為北斗第二顆星。化暗，主是非。

天相星 五行屬水，為南斗第五顆星。化印，為官祿主。

天梁星 五行屬土，為南斗第二顆星，化蔭、主壽之星。

七殺星 五行屬火金，為南斗第六顆星，為將星。遇帝座紫微化為權。

破軍星 五行屬水，為北斗第七顆星。化耗，主禍福，掌管夫妻、子女、奴僕。

文昌星 五行屬金，為南北斗司科甲之星，為文魁之首。

左輔、右弼二星 五行屬土。左輔為北斗佐帝之星，行善令。右弼為南斗佐帝之星，司制令。二星皆為令星。

以上共有十八顆南北斗之正曜。天魁、天鉞、天馬也是吉星，但不為正曜。

天魁、天鉞二星 五行皆屬火，皆為南斗助星，主科甲、天魁為天乙貴人。天鉞是玉堂貴人。

天馬星 五行屬火，為司祿之星，主動。不喜獨坐。

擎羊星 五行屬金，為北斗助星，化刑，主刑傷。

陀羅星 五行屬金，為北斗助星，化忌，主是非。

火　星 五行屬火，為南斗助星。為殺神，主性剛。

鈴　星 五行屬火，為南斗助星。為殺星，主性烈。

天空、地劫 皆屬火。天空為上天空亡，入命為劫殺之神。主多災、破財。地劫，為上天劫殺、虛耗、空亡之神，主破耗。

天傷、天使 五行屬水。主災、破耗家財。如有吉星同宮，主災禍輕。如有巨門、擎羊、火星同宮有災禍、耗財、宅宅不寧，官場不如意，有喪亡破家之災禍。

化祿星 五行屬土，主財祿、掌福德。喜有祿存同宮，主錢財廣進、升官。

化權星 五行屬木，掌生殺、主權勢。喜與巨門、武曲同宮，主其人有說服力，或對錢財有賺取的能力。

化科星 五行屬水，掌文墨、主聲名。喜會化權、化祿，主貴。不喜與空亡、天空、地劫相會，否則主孤獨、懷才不遇。

化忌星 五行屬水，為多咎之神，為計都星。主是非。惟有水命之人或諸星在廟旺之地可化忌不忌。

紅鸞、天喜星　五行屬水，主婚姻喜慶。

歲君星　五行屬火。主吉凶。

博士星　五行屬水，主聰明。入命宮，主喜好文藝，有壽，有權。

力士星　五行屬火，主權勢，權小，喜與化權同宮，可增輝。

青龍星　五行屬水，主喜氣，進財有變化，辰年逢之最吉。

大耗、小耗　五行皆屬火。小耗主不聚財。流年逢小耗再有煞星同宮，主失財。大耗主破財、退祖，或離祖。大耗在人命宮，有丟失財物之習慣。如果大耗和桃花星同宮，流年逢到有因色失財的困擾，大耗和煞星或陷落之星同在命宮，或命宮是空宮，有大耗進入之孩童，有離祖之現象，會遺失或改姓。

將軍星　五行屬木，主威猛，欠和氣。

奏書星　五行屬金，主福祿，會因文字書寫上有得意之事。

飛廉星　五行屬火，主孤，有剋害，亦會有遭謠言中傷之現象，主是非。

喜神星　五行屬火，主喜氣，主延續，有喜慶之事。

伏兵星　五行屬火，主口舌，主是非，性質與陀羅接近。

病符星　五行屬水，主災病。

官府星　五行屬火，主訟，有口舌刑杖，主有官非禍事。

喪門星　五行屬水，主喪亡，不幸。

吊客星　五行屬火，主孝服或不順。

白虎星　五行屬金，主凶，主禍事。

官符星　五行屬火，主訟，在丑、未宮為入廟災輕。在其他宮位災重，宜有吉星化解。

6. 在命宮各星的看法

紫微星

紫微入命宮

【原文】

紫微土南北斗化帝座，為官祿主。紫微面紫色或白清，腰背肥滿、為人忠厚，老成謙恭耿直。其威制七殺、降火鈴，若與府、左、右、昌、曲、日、月、祿、馬三合極吉，食祿千鍾，巨富大貴。與祿存同奇特。不入廟無左、右為孤君，亦清閑僧道。

與破軍同為胥吏。與羊、陀、火、鈴沖合，吉多亦發財，常庶人吉。女命會吉，清秀旺夫益子。

子宮喜丁己庚生人貴格，壬癸人不耐久。

午宮入廟喜甲丁己生人財官格，丙戊人成敗帶疾。
卯酉宮旺，貪狼同，乙辛生人，甲庚生人貴不耐久。
寅申宮旺地，與天府同，甲庚丁己生人財官格。
巳亥宮旺地，與七殺同，乙戊生人財官格。
辰戌宮得地，與天相同，乙己甲庚癸人財官格。
丑未入廟與破軍同，甲庚丁己乙壬人財官格。

【解析】

紫微星五行屬土，為南北斗中之尊星，為帝座，為官祿主。

紫微坐命的人，面色是紫色或白裡帶青的顏色。其人的外型是腰和背較厚實肥壯，為人忠厚老實，待人謙恭有禮，老成持重、性格耿直的人。紫微的威嚴能制服七殺，降順火星、鈴星。紫微若和天府、左輔、右弼、文昌、文曲、太陽、太陰、祿星（祿存及化祿）、天馬在三合宮位中相遇，是非常吉利的。會有極富有的大富大貴。紫微與祿存同宮為奇特的命格。但是倘若不入廟位（指在子宮居平）又無左輔、右弼來同宮或相夾的命格，為孤君無輔的命格，也會為清閒度日的僧人和尚或道士之流的人。

命宮有紫微、破軍同宮的人，會做職位低、或小公務員及薪水族。紫破坐命，倘若有擎羊、陀羅、火星、鈴星在三合宮位相沖亦為三合者，吉星多的也會發財，但算是平常人的命格，是吉利的。女子為紫破坐命者，再有吉星相照或三合照守，相貌會清秀，也能興旺夫家有利子孫。

※紫破坐命的人，官祿宮有廉貪，再有火星、鈴星在夫妻宮或官祿宮，即會形成『火貪格』或『鈴貪格』，有暴發運，故也會發財，但暴起暴落的情況很嚴重，因貪狼居陷位的關係，暴發力不算大，故只是常人命格而已。

紫微在子宮坐命的人，喜歡生在丁年、己年、庚年，這是主貴的命格。生在壬年、癸年的紫微在子（居平）坐命的人，縱使有富貴也是不長久的。

※紫微坐命子宮為居平位，旺度不高，故趨吉趨貴的力量不強，沒有坐命午宮者高，生於丁年的人，有祿存在遷移宮，有天同居陷化權和巨門居陷化忌在疾厄宮，有太陰居陷化祿在僕役宮，有天機居陷化科在兄弟宮，科、權、祿皆在閒宮，權忌和擎羊同宮於疾厄宮，故不能主貴，只是平順有衣食之命，且有血光、開刀等疾病。

◎生於己年的紫微坐命子宮的人，有祿存、貪狼化權在遷移宮，有武曲化祿、天相在財帛宮，是成就比較好的人。

◎生於庚年的人，有祿存和武曲化權在財帛宮，有太陽居平化祿和天梁在子女宮，有太陰居陷化忌在僕役宮，官祿宮是廉府。此人會做高級公務員，走官途，有主貴之現象。

◎壬年生的人，有武曲化忌、天相在財帛宮，一生錢財不順。癸年生的人，有貪狼化忌在遷移宮，出外際遇不好。上述二種命格，縱有流年好運，也是限途無依，起起伏伏的，故稱不耐久。

紫微在午宮坐命，紫微在午宮為入廟位，喜歡生在甲年、丁年、己年的人，是財官並美的格局。生於丙年、戊年的人，一生會有成敗起伏，和帶有疾病之身體。

※紫微坐命午宮，生於甲年的人，有祿存和武曲化科、天相在財帛宮，有廉貞化祿、天府在官祿宮，有破軍化權在福德宮。此人天生有衝勁和奮鬥力量。『命、財、官』三方又有雙祿，故主富貴，財官並美。

◎生於丁年的人，有祿存和紫微同在命宮，太陰居廟化祿在僕役宮，天同居陷化權、巨門居陷化忌同在疾厄宮，天機居平化科在兄弟宮，此命格只有祿存在命宮，有一定的食祿而已，『祿權科忌』全在閒宮，為不強之命格，故談不上財官雙美。

◎生於己年的人，有祿存和紫微同在命宮，有武曲化權，天相在財帛宮，有貪狼化權在遷移宮，有天梁化科、太陽在子女宮，命宮的三合四方有權、祿、科，故命格強勢，財官並美。

◎生於丙年的紫微坐命午宮者，有擎羊和紫微同坐命宮，官祿宮又有廉貞化忌、天府同宮，有官禍、事業不順利，且疾厄宮是天同居陷化祿和巨門居陷，身體有疾病、耳病、心臟病、血壓高，神經系統的毛病，為帶疾之身。

◎生於戊年的人，也有擎羊和紫微同宮坐命，為人陰險，操勞、多慮，但有貪狼化祿在遷移宮，一生的好運機會還很多，人緣也很好。其他的，太陰化權在僕役宮，天機化忌在兄弟宮，皆閒宮，故一生以平順為主，有一定的財祿，只是疾厄宮為同巨，需要注意身體。但疾病的狀況沒有生於丙年的人嚴重。

紫微坐命卯宮或酉宮為居旺，是和貪狼同宮。紫貪坐命的人，生於乙年、辛年的人，有祿存會在命宮，或遷移宮。生於乙年，且有紫微化科會在命宮或遷移宮中，是比較好的命格。生於甲年或庚年的人，會有陷落的擎羊星在命宮或遷移宮中，是形象較猥瑣、陰險、操勞、多勞碌的命格，縱使主貴也不會長久的了。

紫微坐命寅宮或申宮，皆是居旺位，會和天府同宮。紫府同宮坐命的人，生於甲年、庚年、己年的人，是財官並美的命格。

※紫府坐命的人，生於甲年，有祿存在命宮或遷移宮，又有武曲化科在財帛宮，又有廉貞化祿、天相在官祿宮，有破軍化權在夫妻宮，（夫妻宮代表內在感情的模式）。『命、財、官』有雙祿、科名，故主貴，財官並美。

◎紫府坐命的人，生於庚年的人，有祿存在命宮或遷移宮，又有武曲化權在財帛宮，官祿宮是廉相，一生的財富大，是主富的人。

◎丁年生的紫府坐命者，有祿存在夫妻宮或官祿宮，有太陰化祿在父母宮，有巨門化忌在田宅宮，一生受父母的恩澤大，從事業上得到的財祿也不少，做公務員很好，但家庭中多是非，也有家產的問題。

◎己年生的紫府坐命者，有祿存在夫妻宮或官祿宮，而且有武曲化祿在財帛宮，有貪狼化權在福德宮，一生的財祿、官運都很旺，也有極大的暴發運和偏財運會爆發，是命格強勢的人，財官並美。

（紫府坐命的人除了壬年生的人有武曲化忌，癸年生的人有貪狼化忌，或是有劫空在財帛宮或福德宮之外，全都有『武貪格』暴發運格，會增加事業上的成就和財富。）

紫微在巳宮、亥宮為居旺，必與七殺同宮。紫殺坐命者，生於乙年或戊年生的人，有財官並美的格局。

※紫殺坐命者，生於乙年，會有祿存在夫妻宮或官祿宮，也會有紫微化科在命宮，但會有太陰化忌在疾厄宮，身體上有血液循環不好，循環系統不好的現象。

◎紫殺坐命的人，生於戊年，有祿存在命宮或遷移宮，有貪狼化祿、武曲在財帛宮，也會有擎羊在福德宮。雖是有財祿，但很操勞的人。

（紫殺坐命的人，也有『武貪格』暴發運，並且是在財帛宮，一生有多次暴發財富或主貴的機會，除了壬年生、癸年生的人有武曲化忌或貪狼化忌，或是財帛宮、福德宮中有劫空之外都會暴發。）

紫微在辰、戌宮居得地之位，是和天相同宮，天相也是居得地剛合格之位。紫相坐命的人，以乙年、己年、甲年、庚年、癸年生的人，有財官並美的格局。

※紫相坐命的人，生於乙年，有紫微化科在命宮，其他的祿、權皆在閒宮，除了長相斯文外，沒有很特別的財祿。但財帛宮是武府，官祿宮是廉貞，做公務員好，有高薪。（有祿存、天機化祿、巨門在兄弟宮、有天梁居陷化權在父母宮，有太陰化忌、太陽在子女宮。）

◎紫相坐命的人，生於己年的人，有祿存在福德宮，有武曲化祿、天府在財帛宮，為大富之人。在事業上有一定成就，為財官並美之命格。

◎紫相坐命者生於甲年的人，有祿存在夫妻宮或官祿宮，有廉貞化祿在官祿宮。有破軍化權在遷移宮，有武曲化科、天府在財帛宮，有奮鬥爭權的力量，財祿很多，是財官並美的命格。

◎生於庚年的紫相坐命者，有祿存在官祿宮或夫妻宮，有武曲化權、天府在財帛宮，一生會掌握大財富，是財官並美的命格。

◎生於癸年的紫相坐命者，有祿存在財帛宮和武府同宮。遷移宮中有破軍化祿，但有貪狼化忌在夫妻宮相照官祿宮，故是主富的命格，事業並不全美。

紫微在丑宮、未宮為入廟位，必是和破軍同宮，紫破坐命的人，生於甲年、庚年、丁年、己年、乙年、壬年的人，有財官並美的格局。

※紫破坐命者生於甲年，有破軍化權、紫微在命宮。有武曲居平化科、七殺在財帛宮。有廉貞居陷化祿、貪狼居陷在官祿宮。『命、財、官』有『科、權、祿』，是較好的命格，事業會有成就。軍警武職為佳。

◎生於庚年的紫破坐命者，有武曲居平化權、七殺在財帛宮，但財帛宮或福德宮中也會有擎羊進入，能掌握財運和政治力量，但財不算多。

◎生於丁年的紫破坐命者，有擎羊在命宮或遷移宮，『科、權、祿』皆在閒宮（祿存和天機化科在兄弟宮，天同化權、天梁在疾厄宮，太陰化祿在田宅宮，巨門化忌在僕役宮），是有一點房地產的人，財官並不強。

◎生於己年的紫破坐命者，有擎羊在命宮或遷移宮，有武曲居平化祿，七殺在財帛宮，有貪狼居陷化權、廉貞陷落在官祿宮。

『權、祿』在『命、財、官』三方，算是有財官並美的命格，做武職會發，文職不吉，略有財祿。

◎生於乙年的紫破坐命者，會有祿存在財帛宮或福德宮，命宮中有紫微化科，但田宅宮有太陰化忌，財祿不易存留，只有衣食享用而已。

◎生於壬年的紫破坐命者，命宮中有紫微化權，在官祿宮或夫妻宮中有祿存，但是有武曲化忌、七殺在財帛宮，做事業很有奮鬥力，但財祿一生不順。談不上財官並美。

【原文】

紫微入男命吉凶訣

歌曰　紫微天中第一星　命身相遇福財興　若逢相佐宮中會　富貴雙全播令名

又曰　紫微守命最為良　二殺逢之壽不長　羊陀火鈴來相會　只好空門禮梵王
又曰　紫微辰戌遇破軍　富而不貴有虛名　若逢貪狼在卯酉　為臣失義不相應
又曰　火鈴羊陀來相會　七殺同宮多不貴　欺人孤獨更刑傷　若是空門為吉利

【解析】

男子為紫微坐命的吉凶

歌云：紫微星是中天斗星的第一顆星，為至尊之星，在人的命宮中，有紫微星的時候是多福氣與財祿的。倘若有左輔、右弼和紫微同宮相會，是富與貴同高，能得到左、右手相助事業，傳揚好名聲的人。

又說：紫微在命宮最最好了，若有羊、陀二位殺星同宮坐命，是不長壽的人。倘若是羊、陀、火、鈴四煞星一起在命宮、遷移宮中只能做僧道禮佛之人了。

又說：紫微在辰、戌宮坐命為紫相坐命者時，會有破軍在遷移宮中，是富而不貴的人，而且名聲是虛妄的、不實在的。倘若紫微和貪狼同宮在卯宮或酉宮，是『桃花犯主』的格局。這是做臣屬之人但無義氣，不會忠於上司的人。

又說：紫微坐命的男子，命宮中再有火星、鈴星、擎羊、陀羅來同宮，或在對宮相照的人。或是紫殺同宮坐命人，多半是不貴顯的人，一生中會多做不義之事，欺負人，也會有孤獨刑剋、傷及六親的問題，若是做僧道、和尚，就是吉利的命格了。

【原文】

紫微入女命吉凶訣

歌曰　紫微女命守身宮　天府尊星同到宮　更得吉星同主照　金冠封贈福滔滔

又曰　紫微女命守夫宮　三方吉拱便為榮　若逢殺破來沖破　衣祿盈餘淫巧容

【解析】

女子是紫微坐命的人命格是吉、是凶

歌云：女子有紫微星在命宮或在身宮，有天府庫星同宮的人（也就是紫府坐命或是紫府在身宮的人），再有吉星來同宮或相照的，是帶金冠受政府褒獎（形容有富貴做官夫人）的人，福氣是非常大的。

又說：有紫微星在夫妻宮的女子，在三合宮位中再有吉星來拱照的，能做貴婦，有因夫得貴的榮耀之事。（夫妻宮的三合宮位即是『夫、遷、福』，此三個宮位好，有吉星，能享富貴，有貴福。）倘若夫妻宮（或其三合宮位）有殺星來沖破的命格，是生活舒適，衣祿豐富，長相美麗，是個飽暖思淫慾的人。

※夫妻宮是紫府的人，就是貪狼坐命辰、戌宮的人，他們的遷移宮是武曲、福德宮是廉相。倘若有殺星沖破，就表示其人夫妻宮的紫府會和陀羅、火、鈴、劫空同宮（不會有擎羊星）。亦或是其人的遷移宮、福德宮有羊、陀、火、鈴、劫空等星，是為沖破，其人在福德祿位上便只是一般而已，只是享樂多，有淫慾之人了。

【原文】

紫微入限吉凶訣

歌曰　紫微垣內吉星臨　二限相逢福祿興　常人得遇多財富　官貴逢之職位陞

又曰　紫微入限本為祥　只恐三方殺破狼　常庶逢之多不利　官員降謫有驚傷

【解析】

紫微在限運中是吉、是凶

歌云：在紫微星所在的宮位中又有吉星同宮時，大限、小限一起逢到時是有福，有祿，非常吉利的運限。平常人遇到紫微的限運、流年時，財運會十分好，能得到財富的，做官主貴的人逢到紫微運，會職位上陞。

又說：紫微星在限運中本來就是很吉祥的，只怕是在三合宮位中有『殺、破、狼』格局出現，平常人、庶民百姓逢此運多半不吉利。官員會有降職、謫調（因受處份調職）等問題，會有驚心動魄的驚恐之事或刑傷。

※紫微三方有殺、破、狼出現的時候，必是紫殺同宮的時候，三合宮位中有武貪、廉破。因此流年命宮有紫殺時，流年財帛宮是武貪，流年官祿宮是廉破。廉破是雙星居陷位的，故不吉，做官員的人逢此流年官祿宮，自然有貶謫受罰的情況。

天機星

【原文】

天機屬木，南斗化善星，為兄弟主。入廟身長肥胖，性急，心慈，機謀多變。

與天梁會合善談兵，乙、丙、丁生人遇之入廟化吉，得左、右、昌、曲、魁、鉞、太陰湊合，生於巳、酉、丑、亥、卯、未宮權祿不小，文武皆大貴極品，加巨門、羊、火、陀、忌，巳、酉、丑、亥為下局，孤窮，縱有財官貴顯亦不耐久，只宜經商巧藝之輩耳。

女命入廟性剛機巧，有權柄幹家、助夫益子。天梁、太陰、巨門見羊、火、忌沖合財，淫賤偏房娼婢，否則傷夫剋子。

子午宮入廟，丁己癸甲庚壬生人財官格。

卯酉宮旺地，巨門同，乙辛戊癸生人財官格。

寅申宮得地，太陰同，丁己甲庚癸生人財官格。

巳亥宮和平，丙壬戊生人合局，不耐久。
辰戌宮利益，天梁同，壬庚丁生人為福。
丑未宮陷地，丙戊丁壬生人財官格，乙壬生人祿合格。

【解析】

天機五行屬木，是南斗星曜中的化善之星，主善，亦為兄弟主，代表兄弟手足。天機在廟位入命宮時，其人是個子高而肥胖高壯的。他們的性子很急，心地良善，有機智謀略，性格多變。

天機與天梁同宮坐命的人，有謀略，喜歡談謀略兵法。乙年、丙年、丁年生的人是天機居廟坐命的人主吉，倘若有左輔、右弼、文昌、文曲、天魁、天鉞、太陰來同宮或三合相照，此命格的人，坐命於巳宮、酉宮、丑宮、亥宮、卯宮、未宮的人，有權有財都不少。做文武、武職皆是主高官極品的命格。命宮中有巨門、擎羊、火星、陀羅、化忌的人，又同是坐命在巳宮、酉宮、丑宮、亥宮的人，為下等格局，是孤獨窮困的人，縱使有財祿會做官，會貴顯，也是不長久的，只能做商人或有特殊技藝之人的人。

※天機坐命巳宮為居平，對宮（遷移宮）中有太陰居廟，環境很好，倘若再有左、右、昌、曲、魁、鉞在三合宮位照守，有輔助、有貴人，文、武職可主貴。

天機坐命酉宮的人，是機巨同宮。天機居旺、巨門居廟，若有左、右、昌、曲、魁、鉞（六吉星）在三合宮位來照守，也是其人有富貴、有財祿。

天機坐命丑宮的人，天機居陷位，但對宮有居旺的天梁，在外界的環境中有貴人，只要有六吉星在三合宮位中照守，皆有成就。

天機坐命亥宮的人，天機為居平，遷移宮中的太陰居陷，一生較窮困，只要三合宮位中有六吉星照守，一生也會努力有成就，只是財祿不多而已。

天機坐命卯宮，必與巨門同宮，天機居旺，巨門居廟，只要有六吉星在三合照守之宮位，武職崢嶸，必有成就。

天機坐命未宮的人，天機是居陷位的，對宮有天梁居旺，在外遇貴人得福，只要有六吉星在三合宮位照守，就會有財祿。

※天機坐命的人，都是『機月同梁』格的人，適合做公務員、薪水階級，財祿都是以固定薪水為主，只要有六吉星三合相守，就有貴人相助生財、主貴。

※天機坐命者，命宮中有巨門、擎羊、火星、陀羅、化忌的人，又是命坐巳宮、丙宮、丑宮、

亥宮為下等格局，這指的是：

◎坐命巳宮，命宮是天機化忌（戊年生的人），天機、陀羅坐命（丁年或己年生的人），天機、火星坐命。這幾種命格的人。

◎坐命酉宮，命宮是機巨加擎羊坐命的人（庚年生的人），及天機化忌、巨門坐命的人（戊年生的人），和天機、巨門化忌坐命的人，或是機巨和火星坐命的人，這些人的『命、財、官』都不好，而且容易形成『巨、火、羊』的惡格，會惡死或自殺，故為下局命格。

◎坐命丑宮，命宮是天機居陷加擎羊（癸年生的人），或天機居陷加陀羅（甲年生的人）或天機居陷加化忌（戊年生的人）或是天機陷落如火星坐命的人，這些人在三合宮位中也容易形成『巨、火、羊』的惡格，也命格不高。

◎坐命亥宮，命宮是天機居平加陀羅（癸年生的人），或是天機化忌坐命的人（戊年生的人），亦或是天機加火星坐命的人，這些人的三合宮位中也容易形成『巨、火、羊』的惡格，『命、財、官』也不好，故也為下等格局之人。

【原文】

天機入男命吉凶訣

歌曰　機月天梁合太陽　常人富足置田庄　官員得遇科權祿　職位高遷面帝王

又曰　天機化忌落閑宮　縱有財官亦不終　退盡家財兼壽夭　飄蓬僧道住山中

【解析】

男子之命格有天機坐命是吉、是凶

歌云：天機、太陰、天梁和太陽在三合宮位相合照守的人，既是做為平常人，也是十分富足，有能力置產買地的。倘若有上述這種命格，而在『命、財、官』三方有化科、化權、化祿，三合照守的人，會有升官至高位，與當權者見面，成為重要的人物（表示主貴）。

又說：在命格中有天機化忌在閒宮（閒宮指在命、財、官、遷、福以外的宮位，例如夫、子、田、疾、僕、父等宮位），縱使有財祿和官爵之位，亦無法長久，會耗敗家財，壽命也短，也可能為僧道之人，命運飄泊，住在山中僧寺之中。

【原文】

天機入女命吉凶訣

歌曰　天機女命吉星扶　作事操持過丈夫　權祿宮中逢守照　榮膺誥命貴如何

又曰　天機星與太陰同　女命逢之必巧容　衣祿豐饒終不美　為娼為妾主淫風

【解析】

女子之命格有天機坐命是吉、是凶

歌云：女子為天機坐命宮，又有吉星來同宮、相照或三合照守的人，是非常會做事，能力超過其他的男子，或超過自己丈夫的人。有化權、化祿在命宮中，或是在對宮或三合宮位照守，都是有主貴命格之女子，會得到政府的佳獎和做官夫人的人。

又說：天機與太陰同宮坐命的女子，必具備美麗的相貌。雖然有衣食之祿，但命格並不完美，會做娼妓或做妾室，主其人帶有邪淫的風範。

【原文】

天機入限吉凶訣

歌曰　男女二限值天機　祿主科權大有為　出入經營多遇貴　發財發福少人知

又曰　天機照限不安寧，家事紛紛外事多　更遇羊陀併巨暗　須知此歲入南柯

【解析】

天機進入限運是吉、是凶

歌云：無論是男子或女子，當大限、小限、流年有天機星的時候，有祿存、化祿、化科、化權同宮的，主其人大有出息和作為。倘若出外去工作營謀，常會遇到貴人相助，是非常好的事。會發財和得到福氣，是很多人不知道的哇！

又說：天機星相照限運或流年，會有變化、勞祿之事，是無法安寧享受的。其人會有家宅不寧的現象，家中容易爭吵，也會因外面環境多是非的問題，而增加是非麻煩。倘若還有擎羊、陀羅和巨門星在三合宮位處相照守，就必需知道這一年是南柯一夢了。（萬事成為虛空的意思）。

太陽星

【原文】

太陽入南北斗，化貴為官祿主。太陽入廟形貌堂堂雄壯，面方圓滿。夜生陷、日生廟旺。

心慈面紫色，好施濟，若會左、右、昌、曲、魁、鉞、太陰、祿存守照，官祿、財官昭著極品之論，文武皆宜之。

身逢吉聚，貴人門下客，否則公卿走卒。六庚生人命坐卯宮第一廟所，六壬次之。命在亥，甲生人下局，否則夭壽貧窮，雖發不久。廟旺終身富貴，陷地雖化權、祿也凶。官祿亦不順，先勤終懶成敗不一，出外離祖可吉。與羊陀沖破又陷下局。橫發橫破不耐久，若經商巧藝辛苦勞力，而禍輕延生矣。

加凶殺帶疾，化忌目疾，女命入廟旺夫益子，若陷地又見羊、陀、火、鈴、忌、劫，貧賤殘疾亦為貞潔之婦。僧道亦清潔。

子宮陷、午宮旺、丁己生人財官格，壬丙戊生人悔吝。
卯宮廟、酉和平、乙辛生人財官格，甲庚人困。
寅宮旺、申得地，巨門同，丁己甲庚人財官格。
巳宮旺、財官格，亥宮陷，逢殺孤寡貧窮。
丑宮陷、未宮得地，太陰同，加吉星財官格。
辰宮旺財官格，戌宮陷反背孤寡。

【解析】

太陽是中天斗星，在斗數中，是化貴氣為官祿主，即事業之星為官星。

太陽居廟坐命的人的相貌外型是雄壯威武，很氣派的，面形方圓，大臉，像滿月一般。以晚上出生的人為不佳，算是陷落的命格。以白天出生的人最好，算是居廟旺的命格。

太陽坐命的人，是心地慈善，面色呈紫色，心地好，愛布施救濟別人。倘若命宮三合方位有左輔、右弼、文昌、文曲、天魁、天鉞（六吉星）、太陰、祿存等星相守照的人，是事業和財富都是屬於最上等的命格來論之。做文職、武職都很適宜。

太陽坐命的人，倘若身宮也有吉星，即是常和達官顯貴來往的人，或成為主政者的幕僚人員。否則就是高官所用的辦事人員。六庚年**註**①出生的人，命宮坐卯宮是陽梁坐命卯宮的人，這是最上等居廟位的宮位，也是最好的命格。六壬年**註**②出生的人為其次的命格。命宮在亥宮，為太陽陷落坐命的人，生在甲午是最下等的格局。是會一生貧窮、壽短的。（因為甲年有太陽化忌，在亥宮，太陽居陷又化忌，故不吉），雖然有時會有一點好運，但不長久。太陽居廟旺坐命的人，是終身有富貴的人，太陽居陷地坐命的命格，雖然有化權（辛年生的人）有化祿（庚年生的人）、祿存，也一生會有凶險。

太陽居陷在官祿宮，亦無法貴顯，是早年勤勞，中年以後懶惰，一生成敗起伏不一致的，但只要出外離家去發展是可以吉順的。太陽居陷坐命，又有羊、陀沖破的命格，又是更下等的格局了。是橫發橫破、好運不長久的人。倘若去經商做買賣，或是有特殊技能去辛苦的勞碌經營，則可災禍減輕，壽命也會長了。

太陽坐命，有凶殺（指羊、陀、火、鈴）同宮的人，身體有疾病。命宮中是太陽化忌的人，有眼目之疾。

女子之命格若為太陽居廟坐命，則是興旺夫家，有益子女的人。

倘若女子命格是太陽居陷地，又有羊、陀、火、鈴、化忌、劫空等星同宮，則是有殘疾或貧窮之命，也可為清白貞潔之婦人。若做空門中之尼姑、道士，亦會潔身自愛，不會亂來。

太陽在子宮居陷，在午宮居旺。這兩個命格的人，生於丁年和己年的人，為財官格，可有財祿和官位。生於壬年、丙年、戊年的人有悔恨不名譽的事情發生，一生不順利。

註①六庚年即庚子年、庚寅年、庚辰年、庚午年、庚申年、庚戌年。

註②六壬年即壬子年、壬寅年、壬辰年、壬午年、壬申年、壬戌年。

※太陽坐命子、午宮的人，生於丁年，會有祿存在命宮或遷移宮，會有巨門居陷化忌在官祿宮，事業運很差，也不算好，只是稍有衣食之祿而已。己年生的人，也有祿存在命宮或遷移宮，有天梁化科在遷移宮中，一生所處的環境較高尚，亦多貴人相助，做文教、文化事業吉。（太陽坐命子、午宮的人，若出生的時間好，有文昌星在三合四方宮位，再有祿星，就可形成『陽梁昌祿』格，財官並美的人生是很容易得到的。）

※太陽坐命子、午宮的人，生於壬年，會有擎羊在命宮或遷移宮（擎羊在子宮），也會有天梁化祿在遷移宮，容易因貪污或私念而有敗壞名譽的事情。生於丙年，也會有擎羊在命宮或遷

移宮（擎羊在午宮），有巨門居陷和陀羅在官祿宮或夫妻宮，宜做軍警職，否則事業上有不吉現象。

◎生於戊年的人，亦會有擎羊在命宮或遷移宮（擎羊在午宮）、福德宮有天機化忌，官祿宮或夫妻宮中有陀羅星，會因想法愚笨、做錯事，而有不名譽的人生。

太陽坐命卯宮是居廟位，是陽梁坐命的命格。太陽坐命酉宮是居平位，亦是陽梁同宮坐命的命格。這兩種命格的人，生於乙年、辛年的人有財祿和官位，生於甲年、庚年的人，主窮困。

※陽梁坐命卯、酉宮的人，生於乙年有祿存在卯宮，也就是祿存會在命宮或遷移宮，會有天梁化權在命宮之中。也會有天機化祿在福德宮，會有太陰化忌在財帛宮。陽梁坐命卯宮的人，財帛宮的太陰化忌在亥宮居廟化忌，是化忌不忌的格局，雖然仍會有財祿，但仍多錢財上的是非困擾問題，是麻煩不斷的。至於陽梁坐命酉宮的人，生於乙年，太陽居平，天星有化權，財帛宮是太陰居陷化忌，這是一生固執、運氣不好的人，錢財窮困常不順。

◎陽梁坐命者生於辛年，會有太陽化權在命宮，有祿存在酉宮。命坐卯宮者，祿存是在遷移宮。命坐酉宮者，有祿存在命宮。權祿相逢可主貴，若有文昌在三合四方宮位，可形成『陽梁昌祿』格，事業成就會更大，是極品的命格。

◎陽梁坐命者生於甲年，有太陽化忌在命宮，有擎羊在卯宮。命坐卯宮者，命宮中會有擎羊同宮刑命。命坐酉宮者，有擎羊在遷移宮，其人多陰險，思想古怪，亦容易遇事故，有劫殺、刑剋早夭之狀況。是一生不順利的命程。

◎陽梁坐命生於庚年者，有太陽化祿在命宮。有擎羊在酉宮。命坐卯宮者，擎羊是在遷移宮。

命坐酉宮者，擎羊就在命宮，有刑剋。而且有太陰化忌在財帛宮。此二命格，以命坐卯宮者稍好一點，以命坐酉宮者最差，一生貧賤、困頓。

太陽在寅宮居旺位，在申宮居得地之位，是與巨門同宮，陽巨坐命的人，生於丁年、己年、甲年、庚年的人，有財祿和官位。

※陽巨坐命者，生於丁年，有祿存在午宮，會是在夫妻宮或官祿宮，但有巨門化忌在命宮，命格不算好，也不見得有財祿和官位，有衣食溫飽而已，是常人一般的命格。

◎陽巨坐命生於己年，有祿存在午宮，會是在夫妻宮或官祿宮，但命格中的『武貪格』（在兄弟宮）中有武曲化祿、貪狼化權，只要不逢劫空同度，便有暴發運，丑、未年可暴發，是常人一般的命格。

◎陽巨坐命生於甲年的人，命宮有太陽化忌。有祿存在寅宮，會是在命宮或遷移宮中，其他的『科、權、祿』全在閒宮，亦只有衣食溫飽，以專業技能維生，為一般常人命格。

◎陽巨坐命生於庚年的人，有太陽化祿在命宮，有祿存在申宮，會是在命宮或遷移宮中。在命格的『武貪格』中有武曲化權，暴發運很強勢，但不能有劫空同度。此命為陽巨坐命的命格中較佳的命格，可以有小富貴。

太陽在巳宮居旺，是有財、有官貴的命格。太陽在亥宮居陷坐命時，再逢煞星同宮或相照，是孤獨鰥寡，貧苦窮困的人。

※太陽在巳宮獨坐居旺坐命時，是『紫微在申』命盤格式的人。命局中『日月皆旺』。財帛宮是天梁居旺，官祿宮是太陰居旺，極容易形成『陽梁昌祿』格。命格中還有『武貪格』暴發

運，一生的人生層次極高，每個年份生的人，都各有財祿、職位，算是不錯的命格。其中以辛年生的人最好，有太陽化權在命宮，有巨門化祿在遷移宮，有祿存在官祿宮，一生有崇高的地位，財官並美。

◎太陽在亥宮居陷獨坐時，命運比較坎坷，若再有陀羅、火星、鈴星、劫空在命宮或相照，幼時會被遺棄。壬年生的人有祿存在命宮，略有衣食之祿，但也孤獨、刑剋六親，為不吉。有劫空在命宮的人，只宜做僧道之人。一生貧苦無依。

太陽在丑宮居陷，在未宮居得地之位，必與太陰同宮，此為日月坐命。日月坐命在丑宮中，太陽居陷，太陰居廟，故主財。日月坐命在未宮，太陽居得地之位，太陰居陷，故主貴。

※日月坐命的人，有左輔、右弼或文昌、文曲同宮或相照，都主帶財祿。是做公職人員、薪水階級的命格。因為他們的財帛宮是空宮，官祿宮是天梁陷落的關係。因此乙年、丙年、丁年、戊年、辛年、壬年生的人，有祿存、化祿、化權在命宮的人，有財祿、富貴，算是衣食不錯的人。

太陽在辰宮居旺獨坐，有財祿和官位。太陽在戌宮居陷為『日月反背』的命格，主其人孤寡。

※太陽在辰宮居旺獨坐，對宮是居旺的太陰星在遷移宮中。其財帛宮是巨門居旺、官祿宮是空宮。庚年生的人有太陽化祿在命宮，官祿宮有祿存，其人主富。辛年生的人有太陽化權在命

宮，有巨門化祿在財帛宮，都是很好的命格。

◎太陽在戌宮，為『日月反背』的格局。命宮中的太陽居陷。遷移宮的太陰也居陷，一生窮困，喜躲在人後。甲年生有太陽化忌在命宮的人，會有祿存在官祿宮中，做事業的幕僚人員，有衣食之祿。但為人孤獨鰥寡。乙年生有太陰化忌、陀羅在遷移宮，一生財少不順，生活困苦，也是鰥寡孤獨之人。

【原文】

太陽入男命吉凶訣

歌曰　金裡陽逢福壽隆　更兼權祿兩相逢　魁昌左右來相湊　富貴雙全比石崇

又曰　日月丑未命中逢　三方無化福難豐　便有吉星終不美　若逢殺湊一生窮

又曰　失陷太陽居反背　化忌逢之多蹇昧　又遭橫事破家財　命強化忌也無害

【解析】

男子為太陽坐命是吉、是凶

歌云：命宮裡有太陽星是有福有壽的人，若更有化權、化祿在命宮或相照的宮位是最好的了。再有天魁、文昌、左輔、右弼（指六吉星）來相夾命宮，是和石崇一樣有富貴同高的命格的。

又說：日月在丑、未坐命的人，三命宮位中沒有吉星來拱照，或是沒有四化星來相助的，一生財祿不豐。（因為日月坐命者的財帛宮是空宮，官祿宮又是天梁陷落的關係。）即使有吉星在三方拱照，也終究是不算好的命格。（因為日月在丑、未宮，其中一星必有一陷落之星，再加上財官二位不強的緣故。）倘若有殺星、煞星如羊、陀、火、鈴、劫空、化忌在『命、財、官』三方宮位出現，是一生窮困的人。

又說：太陽落陷的命格是『日月反背』的格局。再有太陽化忌在命宮的人，一生多波折命運，與晦暗的命運。容易遭到飛來橫禍來破耗家財。倘若命宮是強勢的，例如太陽是居旺的，遇到化忌星，也會無大礙，只是多一點是非而已。

【原文】

太陽入女命吉凶訣

歌曰　太陽正照婦人身　姿貌殊常性格貞　更得吉星同主照　金冠封贈作夫人

又曰　太陽安命有奇能　陷地須防惡殺凌　作事沈吟多進退　辛勤度日免家傾

又曰　太陽反照主心忙　衣祿平常壽不長　剋過良人還剋子　只宜蔭下作偏房

【解析】

女子為太陽坐命是吉、是凶

歌云：太陽星在女子命格的身宮時，是姿態容貌特別美麗的人，而且性格貞潔。倘若有更多的吉星一同來同宮或相照，是可以做到貴夫人，夫婿為高官。

又說：太陽坐命的女子，有極高的才能。女子太陽居陷坐命的人，要防範有惡星，殺星來同宮或相照。這樣的命格，做事會拿不定主意，進退反覆，必須辛苦勤勞的工作來養家，以免家破。

又說：女子是『日月反背』格局的太陽坐命者（表示太陽居陷坐命），是內心不平靜多思慮、操勞的人。也是衣食、財祿普通，壽命都不長的人。她會刑剋夫婿，又會刑剋子女。只能做妾室、做小老婆在夫家的餘蔭下度日。

【原文】

太陽入限吉凶訣

歌曰 二限偏宜見太陽 添財進業福非常 婚姻和合添嗣續 仕者高遷坐廟堂

又曰 太陽守限有多般 陷地須防惡殺侵 加忌逢凶多阻滯 橫事破財家伶仃

【解析】

太陽在限運中是吉、是凶

歌云：大限、小限、流年最適宜有太陽運了，是增加財運，增進學業，福氣非常好的運程。也有婚姻祥和，增加子息（生兒子）的好運道。從仕途官位的人，會有高升的機會，坐上主權威的位置。

又說：太陽在限運中有許多的現象。太陽居陷在限運中，最好不要再有惡星、殺星，如羊、陀、火、鈴、劫空等煞星同宮或相照了。太陽運若有太陽化忌，再有其他的煞星同宮，則是凶險的，會諸事受阻、停滯、不前進，也會有橫禍發生，使人破財、破家（家破人亡），成為孤苦伶仃之人。

武曲星

【原文】

武曲金、北斗化財為財帛主。武曲性剛果決，心直無毒，形小聲高而量大。最喜甲己生人福厚。有毛髮之異，入廟與昌、曲同行則出將入相。武職最旺，文人多學多能。會貪遇火化吉為上格。丙丁庚辛壬癸中格斷。與府、相、梁、月、祿、馬會主貴。西北人為福，東南人平常。陷地巧藝之人，及僧道。

更遇廉貞、破軍、羊、忌、空、劫、沖破下局，破祖敗家。女命入廟權貴，陷地值殺，孤單、刑夫剋子且不正。

子午宮旺地，天府同，丁己庚生人財官格。

卯酉宮利益，與七殺同，乙辛生人財官格。

寅申宮得地，天相星同，丁己甲庚生人財官格。

巳亥宮和平，與破軍同，壬戊生人財官格。

辰戌宮入廟，己甲生人財官格。
丑未宮入廟貪狼同，戊辛生人大貴財官格。

【解析】

武曲五行屬金，是北斗第六星，化氣為財星，為財帛主。

武曲坐命的人，性情剛硬，做事果斷堅決，心地直爽，沒有毒害別人之心。他們的外形身材較矮小，聲音的音調高，聲量宏大。武曲坐命的人，最好是生在甲年（有武曲化科在命宮）和己年（有武曲化祿在命宮）的人。這兩種年次生的武曲坐命者主福份厚實。武曲坐命者有頭髮髮色青或偏黃、髮細的現象，和常人的黑髮比較起來有一點不一樣。

武曲入廟與文昌、文曲同宮或相照的人，可出將入相做高官，做武職最佳，官位最高。做文人，則是學問好，能幹之士。武曲坐命的人，在遷移宮會有貪狼相照，再有火星同宮或相照，有雙重偏財運、暴發運格，這類的命格為上等格局之命格（此是指武曲在辰、戌宮居廟坐命的命格。）

武曲居廟坐命以丙年、丁年、庚年、辛年、壬年、癸年生的人，以中等格局來斷定。

※武曲單星坐命辰、戌宮的人，生在丙年有陀羅在辰宮，會是在命宮或遷移宮中，而財帛宮中有廉貞化忌、天相，在錢財上會有不順和是非麻煩，故而不佳，以中格論之。

◎武曲坐命生於丁年的人，有擎羊在未宮，是在其人的子女宮或田宅宮，財庫被沖破，亦有家宅不寧的現象。而且有巨門化忌在疾厄宮，身體會有毛病。命格中『科、權、祿』全在閒宮無用，故不佳。

◎武曲坐命的人，生於庚年，有武曲化權在命宮，但會有陀羅在子女宮或田宅宮。有少子息，或家宅不寧的現象，一生努力但錢財留存不易。

◎武曲坐命的人，生於辛年，有擎羊在『武貪格』中，暴發運也會暴發，但不易留存，其他的巨門化祿在疾厄宮，太陽化權在父母宮，『權、祿』雙星皆在閒宮為無用，力道不強，故為中等格局。

◎武曲坐命者生於壬年，有武曲化忌在命宮，一生中暴發運不發，亦會有錢財上的不順，又有擎羊在財帛宮或福德宮，也會有傷財運，故不佳，但其人必有專業技能來養命。

◎武曲坐命者生於癸年，有貪狼化忌在遷移宮，有擎羊在子女宮或田宅宮，也是有暴發運不發和家宅不寧的現象，故不算很好的命格。

武曲坐命，喜與天府、天相、天梁、太陰、祿存或化祿、天馬同宮或相會照，是主貴的命格。以生於申、酉、戌年出生的人，或住在西北方的人為最有福氣。生於甲、乙、丙、丁、己、午、未年生的人，或住在東南方的人為平常人之命格。武曲若居陷位坐命的人，是具有特殊技能過活的人，以及做僧道的人士。

命宮中有武曲和廉貞、破軍、擎羊、化忌、天空、地劫，為財星被沖破，此命格為下等格局，此命的人會破敗祖產而離家。

女子是武曲居廟坐命的人，會有權勢地位而主貴。女子有武曲居陷在命宮的人，有殺星同宮，是孤單一人的命格。會刑剋夫婿、兒子，而且行為也會不正。（武曲最低只會居平位，已算是陷落了，而沒有真正的陷落之位。）

武曲在子宮、午宮為居旺位，是和天府同宮，武府坐命的人，生在丁年、己年、庚年的人，有財祿、官貴之命格。

※武府坐命的人，生於丁年，有祿存在午宮，會是在命宮或遷移宮中，武府是財星和庫星坐命的人，又再加上祿星，是故主富，他的官祿宮是紫相，故可有財、有官位。

◎武府坐命生於己年，命宮有武曲化祿，又會有祿存在命宮或遷移宮，會形成財星、庫星，再加雙祿的格局，是更形富貴，有億萬之資的人。並且其人的福德宮是貪狼化權，因此富貴同高。

◎武府坐命生於庚年的人，有武曲化權在命宮，有祿存在財帛宮或福德宮，本命是有權勢和財祿均高的人，稱其有財官格。

武曲在卯宮、酉宮居平位，是和七殺同宮。此命格的人，生於乙年或辛年的人，有財祿，主官貴。

※武殺坐命的人，生於乙年，有祿存在卯宮，這是會在命宮或遷移宮中。會有紫微化科、破軍在官祿宮。其他的化祿、化權、化忌皆在閒宮，此人有一定的財祿，以做公務員，薪水階級為佳，最宜軍警業。

祿存依所同宮的主星來展現財祿的大小，祿存跟隨武府同宮時，有億萬之資的財富。但祿存跟隨武殺時，只是有衣食溫飽之祿，有天壤之別，主要是武殺同宮為『因財被劫』的格式，自己本命中就帶財少，有祿存，只是略為增加，但有限。武府之財星、庫星皆居旺廟，本身財多主富，再加祿存，更是錦上添花了。）

※武殺坐命生於辛年的人，有祿存在酉宮，會是在命宮或遷移宮，其他的『權、祿、科』也都在閒宮，此種合格也是常人命格，有食祿、做事順，薪水族的命格。

武曲在巳、亥宮居平，與破軍同宮。武破坐命的人，生在壬年、戊年，會有財祿和官位。

※武破坐命者，生於壬年，有祿存在亥宮，會在命宮或遷移宮，但會有武曲化忌在命宮，有紫微化權、貪狼在官祿宮。此命格的人，是一個有專業技能的人，因武曲化忌的關係，錢財常有是非不順，再有祿存，只是一般薪水族，有衣食溫飽的財。但在工作上很能發揮，是個重事業、不重錢財的人，官位清高有名聲，官位大。

※武破坐命生於戊年的人，有祿存在巳宮，會是在命宮或遷移宮，更會有貪狼化祿和紫微同在

官祿宮，有天機化忌和太陰化權在田宅宮，此命格的人，也是一般有固定工作的薪水族，在事業上有無限之機會好運，事業可做得不錯，適合做旅行業或奔波的行業。但其人的財庫是起伏不定，常有是非變化的，房地產會進進出出，此人適合在工作上努力。

武曲在辰宮、戌宮為入廟位，獨坐（這是武曲唯一單星坐命的宮位）。

武曲坐命的人，生於己年、甲年，有財祿和官位，格局較好。

※武曲在辰、戌宮居廟坐命的人，遷移宮是貪狼居廟位，是『武貪格』暴發運的格式，一生有多次暴發機會，主富，也有大起大落之人生境界。生於甲年，有祿存在寅宮，會在夫妻宮或官祿宮中。有武曲化科在命宮，有破軍化權在福德宮，有廉貞化祿，天相在財帛宮，『科、權、祿』在『命、財、官、福』，一生很有奮鬥力，可成就大事業，因而有財富。

※己年生的武曲坐命者，有武曲化祿在命宮，有貪狼化權在遷移宮，祿存在午宮，會在財帛宮或福德宮，這是強勢命格。有極大的暴發運，一生主富，工作能力也很強。其人有億萬之資，可出將入相為貴位。

※其實尚有庚年生的武曲坐命者，命格也很強勢。庚年生的人，有武曲化權在命宮，有祿存在申宮，會在夫妻宮或官祿宮。本命有極強勢的暴發運格，會從政，在政治上營謀，官位特高，財富亦很大。

武曲在丑宮、未宮為居廟位，必與貪狼同宮。武貪坐命的人，生於戊年、辛年的人主大貴，是財富與官位都有的命格。

※武貪坐命丑、未宮的人，遷移宮是空宮，若有火星或鈴星進入，便是雙重暴發運格。若有羊、

陀、化忌、劫空進入為破格。有羊陀與武貪同宮，仍會暴發，但為慢發情況。有劫空、化忌與武貪同度（同度是指同宮或相照），為不發情況。

◎武貪坐命生於戊年，有祿存在巳宮，會是在其人的夫妻宮或官祿宮。亦有貪狼化祿在命宮，利於發財。但田宅宮有天機化忌、天梁，財庫不穩，有破洞。利於在工作上打拚。

◎武貪坐命生於辛年的人，有祿存在酉宮，會是在財帛宮或福德宮中。有太陽化權、巨門化祿在父母宮，有擎羊在戌宮，會在子女宮或田宅宮，有家宅不寧的狀況，錢財也不易存留。此命格只有一個祿存在『命、財、官』中，反倒是不算很強的命格。

（以前的人，古代的人，以做官為貴命，是上等命格。且要有衣食之祿，主富次之。現今的人，以工商業發展為要，以主富為第一等上命之命格，官貴次之。人生的道路也變得多元化，因此這些講究主貴的命格，並不一定符合現代人的需求了。）

武貪坐命的人，是強勢命格，具有事業上的戰鬥力，喜歡主掌財祿、權勢。故己年生的人是強勢命格。命宮中有武曲化祿、貪狼化權，雖然會有擎羊在命宮或遷移宮出現，但計謀深，可化殺為權，在事業上也會有大發展。

【原文】

武曲入男命吉凶訣

歌曰　武曲守命化為權　吉曜來臨福壽全　志氣崢嶸多出眾　超凡入聖向人前

又曰　武曲之星守命宮　吉星守照始昌榮　若加耗殺來沖破　任是財多畢竟空

【解析】

男命爲武曲坐命是吉、是凶

歌云：男子有武曲化權坐命的人，再有吉星在命宮或遷移宮中，是福壽雙全的人（此指的是六吉星）。此命格的人是志氣高，能做出一翻大事業，是超群拔萃的人。更能做領導階級，在政治上領導別人，做政治大人物。

又說：有武曲星在命宮，有六吉星或權、祿、科同宮或對照，或是在三合宮位中相照守的命格，才是榮盛昌勝的命格。倘若有耗星破軍、殺星七殺，或有羊陀、火、鈴、劫空、化忌來沖破的命格，不管他是多有錢，仍就是財來財去會成空的。

【原文】

武曲入女命吉凶訣

歌曰　女人武曲命中逢　天府加之志氣雄　左右祿來相逢聚　雙全富貴美無窮

又曰　將星一宿最剛強　女命逢之性異常　衣祿滔滔終有破　不然壽夭主凶亡

【解析】

女命爲武曲坐命是吉、是凶

歌云：女人的命宮中有武曲星，再有天府同宮的命格，是志氣高的人。再加上左輔、右弼、化祿或祿存同宮，或相照，是有富貴雙全、財官並美的格局。一生主富，生活愜意，生活品質高。

又說：武曲是將星，性格非常剛硬堅強。女命為武曲坐命，性情是有些不一樣的，衣食之祿非常豐美，有物質上的享受，但命運中終有一破（破在夫妻宮，或有家宅不寧的毛病，家中多爭鬧不休）。不然就是短命或凶死。

【原文】

武曲入限吉凶訣

歌曰　大小限逢武曲星　若還入廟主財與　更加文昌臨左右　福祿雙全得稱心

又曰　武曲臨限化權星　最利求謀事有成　更遇吉星同會合　文人名順庶人興

又曰　武曲之星主官災　公吏逢之刑杖來　常庶逢之還負債　官員值此有驚懷

【解析】

武曲進入限運是吉、是凶

歌云：人的大、小限及流年逢到武曲運，倘若是在入廟位的宮位，主有大財進。倘若更有文昌、左輔、右弼同在宮中，是有福有祿，非常稱心如意的限運。

又說：有武曲化權在限運中，最適合去找工作，或發展事業，擴大事業，一定會成功的。倘若有六吉星或天府、天相這些吉星在對宮或三合宮位中相照合，做文職的人會聲名顯揚。就是平常人也會有財祿而興盛。

又說：武曲居平在限運中，因代表政治，主有官災。做公務員的人，有刑囚和處罰的事情。平常碰到會負債還不出來。做官員的人，逢武曲居平運，（即指武殺、武破運），會有驚心動魄，提心吊膽的事情。（此句完全在指武曲居平時所主的限運。居廟時不在此限中。）

天同星

【原文】

天同水，南斗化福為福德主。天同入廟肥滿清明仁慈耿直，與天梁、左、右嘉會，丙生人於巳、亥、酉宮安命，財官雙美，福非小可，未宮次之，午陷丁生人宜之。

若在亥地，庚生人下局，更遇羊、陀、鈴、忌沖合則孤單、破相、目疾。

女命會吉星作命婦，旺夫益子極賢能，居巳亥雖美而淫。

子旺午陷宮，丁己癸辛生人財官格。

卯酉宮和平，乙丙辛生人財官格。

寅宮利，申宮旺，天梁同，乙甲丁生人福厚。

巳亥宮入廟，壬丙戊生人財官格。

辰戌和平，丙丁生人利達，庚癸生人福不耐久。

丑未宮不得地，巨門同，乙壬甲辛庚生人財官格。

【解析】

天同星屬水，是南斗第四顆星。化氣為福，為福德主。

天同入廟坐命的人，是樣子胖胖的，圓潤的，很清秀。性格明朗，心地仁慈、耿直，會說真話的人。倘若有天梁、左輔、右弼在命宮或對宮來照會的人，丙年生的人，又坐命於巳宮（居廟）、亥宮（居廟）、酉宮（天同居平）的人，是財祿與事業、官位都很有成就的人，福氣是很好的。天同在未宮為次等命格。天同在午宮必和居平的太陰同宮，此命格的人，生於丁年較好。

天同若坐命在亥宮，庚年生的人，是屬於下等格局（因為有擎羊在夫妻宮，有太陰化忌、太陽陷落在福德宮），若更遇到羊、陀、火、鈴、化忌，在三合四方之位為沖破的格局，其人會孤單沒結婚，或離婚、孤獨，也會有臉上破相，及眼目之疾。

女子為天同坐命，再有吉星同宮或相照的人，會做高官之妻子，受政府承認，褒獎的人。此命格的人很賢慧，有才能，能與旺夫家，有益子孫。但女命居巳、亥宮的人，命格、長相雖然都很好，卻有淫慾。

※天同居巳、亥宮坐命，是居廟位的，對宮（遷移宮）中有居陷的天梁星。丙年生的人，有祿存在巳宮，會在命宮或遷移宮中，本命又是天同化祿，有雙祿格局非常命好了。可以補足財帛宮是空宮的不吉。官祿宮有機巨，此人若有『陽梁昌祿』格，必為學術界或文官中之顯貴。

◎天同坐命酉宮，生於丙年，會有天同化祿在命宮，又會有祿存和巨門居旺同在財帛宮，但官祿宮是天機陷落，事業做不長久，宜做自由業（記者或作家），也會有財祿。

◎天同坐命未宮，是同巨坐命，雙星俱陷落的命格。丙年生的人，有天同居陷化祿在命宮，夫妻宮有祿存和太陰陷落，官祿宮是天機居平化權，雖有『權、祿』在『命、財、官』之中，但都是陷落、居平的星，不夠強勢，故為次級命格。

◎天同坐命午宮，是同陰在午坐命的命格。天同居陷、太陰居平，主窮困。丁年生的人，有祿存在命宮，又有天同化權、太陰化祿在命宮。官祿宮有天機居平化科、天梁，因此算是『同陰在午』宮的命格中較好的命格了，有一定的食祿。

天同在子宮居旺，在午宮居陷，是同陰同宮，丁年生、己年生、癸年、辛年生的人，有財祿、官位。

※同陰坐命子宮的人，生於丁年，有祿存在遷移宮，有太陰化祿、天同化權在命宮，有天機化科、天梁在官祿宮，『科、權、祿』在『命、財、官、遷』等宮位，故財祿與事業運好，會有大成就。

◎同陰坐命午宮，生於丁年的人，在前面已有敘述。

◎同陰坐命子宮，生於己年的人，有祿存在遷移宮，有天梁化科、天機在官祿宮，有武貪格在父母宮，只要沒有劫空入宮或相照，就有暴發運和偏財運。此命格比起丁年生的人是較弱的命格了。

◎同陰坐命午宮，生於己年的人，因命宮中雙星居陷位，但有祿存同宮，官祿宮有天梁化科、天機。故有常人衣食之祿，財不多。

◎同陰坐命子宮，生於辛年，有祿存在子女宮和廉破同宮，又有太陽居旺化權，巨門居廟化祿在福德宮，做教師、公教人員有出息，有一般的衣食之祿。

◎同陰坐命午宮，生於辛年，有祿存和天相陷落在田宅宮，有太陽化權、巨門化祿在福德宮，此命格也是做教師或公務人員好的命格，為一般薪水階級之命格。

◎同陰坐命子宮，生於癸年，有祿存在命宮，又有太陰化科在命宮，福德宮是太陽、巨門化權，但『武貪格』中有貪狼化忌為不發，此命格的人，長相斯文秀美，說話有說服力，為公職較佳，有衣食之祿。

天同在卯宮、酉宮居平位，是獨坐命宮。乙年生、丙年生、辛年生的人有財祿、官位。

※天同在卯、酉宮坐命時，天同居卯宮時，遷移宮的太陰居旺，生活環境較富裕。生於乙年，命宮有祿存，但遷移宮有太陰居旺化忌，會和女性不和，也會有錢財上的是非。事業宮是天機陷落化祿。此命格是『機月同梁』格的人，以做公務員、薪水階級為佳，為一般常人命格。

◎天同坐命酉宮生於乙年的人，有祿存和太陰陷落化忌在遷移宮，只有一點點財，官祿宮也是天機陷落化祿，做公務員、薪水族有衣食，辛苦度日。

◎天同坐命卯宮，生於丙年的命格，有天同居平化祿在命宮，福德宮有祿存。有天機居陷化權在官祿宮，此人會有福祿，錢財比前幾個命格稍多。而且工作會有成就。

◎天同坐命酉宮生於丙年，有天同化祿在命宮，有祿存和巨門居旺在財帛宮，有天機居陷化權在官祿宮，『權、祿』皆在『命、財、官』之中，有財祿和成就。

◎天同坐命卯宮生於辛年的命格，有祿存在遷移宮，有巨門化祿在財帛宮，有太陽化權在福德宮，一生福氣好，有掌權管事的機會，事業有成就，也有財祿。

◎天同坐命酉宮生於辛年的命格，有祿存在命宮，有巨門化祿在財帛宮，有太陽化權在福德宮。『命、財、福』有祿權等星，主福掌權，事業有成就，財祿多。

天同在寅宮居平，在申宮居旺位，必有天梁同宮。同梁坐命的人，生於乙年、甲年、丁年的人福份厚。

※同梁在寅宮，是天同居平、天梁居廟位的。生於乙年，有天梁居廟化權在命宮，有太陰居旺化忌在財帛宮，有天機居廟化祿在官祿宮，其人是『機月同梁』格，做薪水族，有固定職業，事業會有成就。是常人命格。

◎同梁坐命於寅宮生於甲年，有祿存在命宮，但福德宮有太陽居旺化忌，有基本的生活財祿，有普通平常命格，有小福祿。

◎同梁坐命寅生於丁年，有天同化權在命宮，有祿存在官祿宮，有太陰化祿在財帛宮，此命格的人比較有錢，但夫妻宮有巨門化忌，有家宅不寧的問題，夫妻間感情差。為一般人之命格。

◎同梁坐命申宮生於甲年，有祿存在遷移宮，有太陽居陷化忌在福德宮，一生操勞，得福不多。

◎同梁坐命申宮生於乙年的人，有天梁陷落化權在命宮，有太陰陷落化忌在財帛宮，有天機居廟化祿在官祿宮，是『機月同梁』格，適合為人服務領薪水，稍有衣食之祿，為一般常人命格。

◎同梁坐命申宮，生於丁年，有天同居旺化權在命宮，有祿存、巨門化忌在夫妻宮，有太陰陷落化祿在財帛宮，有天機居廟化科在官祿宮。此命格要比同梁在申宮坐命，其他出生的年份好。『權、祿、科』皆在『命、財、官』之中，財祿雖不算最豐富，但事業會有成就。

天同在巳、亥宮為獨坐居廟位，壬年、丙年、戊年生的人有財祿和官位。

※天同在巳、亥宮為獨坐居廟，對宮有居陷位的天梁星。他的財帛宮是空宮，官祿宮是天機、巨門。這也是『機月同梁』格的人，必須做公職或薪水族以維生。

◎生於壬年，有祿存在亥宮，會在其人的命宮或遷移宮中，在遷移宮又有天梁陷落化祿。其人的父母宮中有武曲化忌、天府，表示家中父母必有財務困難，因此此年生的天同坐命巳、亥宮者必為公職人員，為小康的生活環境，財祿不大。

◎生於丙年，有天同化祿，或祿存在命宮，命坐亥宮的人，祿存在遷移宮。有天機化權、巨門在官祿宮，會有事業成就，有官貴，或為學術研究人員。財祿也不錯。

◎生於戊年，有祿存在命宮或遷移宮，福德宮為太陽、太陰化權，官祿宮有天機化忌、巨門。

其人容易至金融機構工作，但事業上多爭鬥，為薪水階級，職位多變化、事業運不算好。

天同在辰宮、戌宮居平位獨坐，丙年、丁年生的人有財利，可發達。庚年、癸年生的人，有福也不長久。

※天同在辰、戌宮獨坐，坐命者，對宮有巨門陷落在遷移宮。其財帛宮是天梁居廟、官祿宮是機陰。也屬於『機月同梁』格，是薪水族的一員。丙年生的人，有天同居平化祿在命宮，官祿宮有天機化權、太陰。事業上稍有發展，財祿只是一般常人食祿而已。

◎生於丁年的天同坐命辰、戌宮的人，有天同化權在命宮，遷移宮有巨門陷落化忌，一生所處的環境多是非爭鬥、境況不好。但財帛宮或福德宮有祿存，官祿宮有天機化科、太陰化祿，一生奔波奮鬥，會有財祿和事業。

◎天同坐命辰、戌宮的人，生於庚年，有天同化科在命宮，有太陽化祿在福德宮，有太陰化忌、天機在官祿宮，一生事業運不佳。心地開朗、喜歡享福，必須多努力才會有成就。生於癸年的人，有祿存在財帛宮或福德宮，有巨門居陷化權在遷移宮，有太陰化科和天機在官祿宮，因為所處的外界大環境不佳，其人又喜歡介入是非爭鬥之中。此命格的人幼年家境貧窮，容易與黑道人士來往，中年以後運好會向善。

天同在丑、未宮不得地為居陷位，與居陷的巨門同宮。同巨坐命的人，生於乙年、壬年、甲年、辛年、庚年的人有財祿官位。

※同巨坐命的人，命宮中雙星居陷位，一生是非多。其人財帛宮是空宮，官祿宮是天機居平。此命格的人工作能力不強，斷斷續續，做不長久。喜歡享福，好逸惡勞，適合臨時性的工作，

或用嘴來吃飯的工作。

◎同巨坐命的人，生於乙年，夫妻宮有太陰化忌，卯宮有祿存，會在其人的財帛宮或福德宮中，有天機居平化祿在官祿宮，也會有天梁化權、太陽在福德宮中。此人天生有貴人運照顧，稍有財祿，但事業成就不大。

◎同巨坐命生於壬年的命格，有祿存在夫妻宮或官祿宮，有天梁化祿、太陽在福德宮，有紫微化權在僕役宮，有武曲化忌、天相在父母宮。此命格的人，稍有衣食，是六親幫忙的結果，但此人的父母有財務問題，也會和他不和。

◎同巨坐命生於甲年，有祿存在寅宮，會在其人的父母宮或疾厄宮，有廉貞化祿、天府在子女宮，有破軍化權在疾厄宮、有武曲化科、天相在父母宮，也會有陀羅在命宮，有太陽化忌，天梁在福德宮。甲年擎羊在卯宮，會在福德宮或財帛宮，因此錢財不順，多思慮、操勞。多靠六親、父母、配偶、子女生活。不會有什麼大事業。行運到卯宮，有擎羊和太陽化忌同宮時，有血光災禍，有性命之憂，要小心，一生沒有什麼事業運。

◎同巨坐命生於辛年，有祿存在酉宮，會在財帛宮或福德宮。命宮中有巨門化祿，福德宮中有太陽化權、天梁。因此有衣食之祿，有男性貴人強力支助，因此雖然工作能力不強，但生活過得不錯。

◎同巨坐命生於庚年，有天同化科、巨門在命宮，有祿存會在父母宮或疾厄宮，有太陽化祿，天梁在福德宮，有武曲化權、天相在父母宮。

由此可見此人的財祿全來自父母、祖上，會受到父母良好的照顧。父母會是個在政治或經濟上有巨大影響力的人，至少他們的工作內容是和這方面有關的。

同巨坐命的人沒有什麼工作能力，多學少精。喜歡玩樂。在他們命格中最好的，就是『父、子、僕』等三合宮位和夫、福二宮。因此六親關係就是他們的倚靠了。因為先天『命、財、官』就不強，因此不管那一年出生的人，有什麼樣的四化星會出現？即使在『命、財、官』中出現『科、權、祿』，基本上他們還是不改愛享福，用嘴指使別人做事，製造是非來圖利自己、貪小便宜、怕負責任，擔不起責任、挑剔別人，自以為聰明，工作不積極，也不長久，喜歡推拖。好事搶第一，壞事怪別人，種種的小人行徑。縱使稍有財祿，也是靠他人得財，自己能賺到的錢財少之而少。

（『明珠出海格』的命格與同巨坐命沒有關係。『明珠出海』格是昌曲在未宮坐命，有同巨在丑宮為遷移宮來相照，再有左輔、右弼相夾未宮或丑宮的命格，這是昌曲坐命的命格，和同巨坐命是不一樣的。）

【原文】

天同入男命吉凶訣

歌曰　天同坐命性溫良　福祿悠悠壽更長　若是福人居廟旺　定教食祿譽傳揚

又曰　天同若與吉星逢　性格聰明百事通　男子定然食天祿　女人樂守綉房中

又曰　天同守命落閑宮　火陀殺合更為凶　天機梁月來相會　只好空門度歲終

【解析】

男子爲天同坐命是吉、是凶

歌云：男命為天同坐命是性格溫和善良的人，有福有財祿，壽命也很高。倘若是天同居廟旺坐命，更是有福之人，一定會有食祿享受，而且名聲好，會傳揚四域。

又說：命格中，天同若和吉星同宮或相照，是天生聰明、知曉做事的方法，是很世故的人。此命格的男子一定會做公家機關的工作。此命格的女子，一定會賢慧，樂於在家守住家業。

（『天同和吉星逢』，是指祿存、化祿和六吉星相逢。）

又說：男子有天同坐命，有劫空同宮入命時，稱為落閒宮。再有火星、陀羅、七殺同宮或在對宮和三合宮位中來照合的命格，更是凶剋，因天機、天粱、太陰也會在對宮或三合、四方宮位來照守，因此只好做僧人、道士過一輩子了。

【原文】

天同入女命吉凶訣

歌曰　天同守命婦人身　性格聰明伶俐人　昌曲更來相會處　悠悠財祿自天申

又曰　天同若與太陰同　女命逢之淫巧容　衣祿雖豐終不美　偏房侍妾與人通

【解析】

女子爲天同坐命是吉、是凶

歌云：天同坐命是女子之命時，是天生性格聰明伶俐的人，若是有文昌、文曲來同宮，或相照，亦或在三合宮位來相照守，就會有細水長流型的財祿，自天而降。（此表示有公職在身，或有多財的夫婿來養活她）。

又說：命宮中若有天同和太陰同宮（此指同陰坐命的女子），女子有此命格的人，會有美麗、帶桃花的容顏。吃穿衣食雖然豐足，但命格終究是不完美的，會與人私通做別人的妾室、小老婆。

【原文】

天同入限吉凶訣

歌曰 人生二限值天同 喜氣盈門萬事榮 財祿增添宜創造 從今家道得豐隆

又曰 流年二限值天同 陷地須防惡殺沖 作事美中終不美 惟防官破及家傾

【解析】

天同在限運中是吉、是凶

歌云：人生中大限、小限、流年逢到天同運，天同是福星，因此會有喜氣、吉運，萬事亨通，光榮昌盛。可以努力創造財富，使家庭中的家產豐富興隆。

又說：流年與大限、小限逢到天同星居陷時，要防惡星、煞星來沖剋，否則會做事無法完美，最要防範的是事業有問題。官非、破耗，以及家庭破敗離散之事。

廉貞星

【原文】

廉貞屬火，北斗化次桃花，殺、囚星為官祿主。為人身長體壯、眼露神光、眉毛中大吹、骨亦露、性硬、浮蕩、好忿爭。入廟武職貴，遇府、相、左、右，有化權、祿存同富貴。昌、曲、七殺立武功。與擎羊同，是非日有。破軍、火、鈴同，狗倖狼心。巳、亥陷宮，棄祖孤單、巧藝、僧道、軍旅之流。六甲生人，命坐寅、申者上格，丁、己人次之，六丙人坐子、午、卯、酉宮，横發横破不耐久。

六甲生人坐四墓宮財官格。若丙、戊生人招非有成敗，若與昌、曲、忌星同在巳、亥宮，六丙生人有禍，六甲人亦不宜也。

未、申生人在未、申宮化祿逢吉富貴必矣，若在諸宮逢羊、陀、火、忌沖破，主殘疾。

女人三合吉拱主封贈，雖惡、殺、沖不為下局。若入廟逢化祿，剛烈、機巧、清秀、旺夫益子。

僧道有吉拱有師號，此星最喜天相同，能化其惡。

子、午宮和平，天相同，丁、己、甲生人財官格。

卯、酉宮和平，破軍同，乙辛生人，癸生人吉。

寅宮入廟，甲、庚、己生人，為貴格。

申宮入廟，甲、庚、戊生人為貴格，丙生人次之。

丑、未宮利益，七殺同，加吉星財官格。

辰、戌宮利益，天府同，甲庚生人財官格。

巳、亥宮陷地，甲、己、丙、戊人，福不耐久。

【解析】

廉貞星五行屬火，是北斗第五星，化氣為次桃花。（貪狼為正桃花）。是殺星、囚星，亦為官祿主。

廉貞坐命的人，其外型相貌是身高體型為厚壯。眼睛有神、很亮。眉毛寬、眉中有漩（有些雜亂），臉上的顴骨高，眉骨亦看得見。個性堅硬，有些輕浮浪蕩，喜歡爭強鬥狠。

廉貞居廟的人做武職會貴顯，廉貞若與天府、天相、左輔、右弼同宮，會有掌大權的能力。廉貞與祿存同宮，主富貴。

廉貞與七殺、文昌、文曲同宮坐命的人，做武職可立大功。廉貞與擎羊同宮，主是非。是每天都有是非。廉貞與破軍、火星、鈴星同宮（指廉破坐命加火、鈴的人），是狼心狗肺的人。（言其不講道義）。

廉貞在巳宮、亥宮為居陷，必與貪狼同宮。此二宮位是雙星俱陷落的宮位。廉貪坐命的人，是離開祖家、孤單的人。也會是具有特殊技藝的人。也會是做僧道、和尚之流的人，也會是做軍人武職的人。

六甲生人指的是甲子、甲寅、甲辰、甲未、甲申、甲戌年生的人。命宮坐在寅宮、申宮居廟的命格是廉貞坐命中最上等的命格。而丁年、己年生的人次之。

※因為甲年有廉貞化祿，而且有祿存在寅宮，故命坐寅、申宮較好。丁年、己年有祿存在午宮，會在其人的夫妻宮或官祿宮中，故次之。

六丙年生人指丙子、丙寅、丙辰、丙午、丙申、丙戌年生的人，命宮在子宮、午宮（此二命格是廉相坐命）、卯宮、酉宮（此二命格是廉破坐命）的人，是橫發橫破有暴發運，富貴不耐久的人。

※因丙年有廉貞化忌在命宮又有擎羊在午宮，命坐子、午宮的人是『刑囚夾印』的惡格。命坐卯、酉宮的人，會有擎羊在夫妻宮或官祿宮中，皆不吉。再加上廉相坐命和廉破坐命的人，都有『武貪格』暴發運，是大起大落的人生，故稱其不耐久。

六甲生人（指的是甲年生的人）命宮坐在辰、戌、丑、未四庫宮的人有財祿、事業。倘若是丙年、戊年生的人，會有多招是非災禍，一生有起伏，會有成功的時候，也會有失敗的時候。

※命坐辰、戌宮指的是廉府坐命的人。命坐丑、未宮，指的是廉殺坐命的人。甲年生的人，有廉貞化祿在命宮，會有武曲化科在官祿宮，因此會有財祿和事業。

◎丙年生的人，有廉貞化忌在命宮，皆不吉。戊年生的廉府坐命者，不是有羊陀在命宮和福德宮，就是有羊陀在財帛宮和遷移宮是非常不吉利的。戊年生的廉殺坐命者，會有羊陀在兄弟宮及子女宮，或是在僕役宮和田宅宮，這些都是有傷財福和六親刑剋的。

廉貞倘若和文昌、文曲、化忌星同宮在巳、亥宮（廉貪坐命），則丙年生的人有災禍，甲年生的人也不好。

※廉貪坐命生於丙年有廉貞居陷化忌、貪狼在命宮。丙年又會有祿存在巳宮，會在廉貪坐命者的命宮或遷移宮出現，再有文昌、文曲，必會好淫邪，有桃花糾紛和災禍。甲年生的人，雖然是廉貞化祿，但有昌曲，亦是邪淫桃花在命宮，為人不走正道多淫賤之事，自然也是不適宜、不好的命格了。

廉貞在未宮、申宮坐命，又生在未年、申年的人，有化祿星，再逢吉星就一定有富貴了。倘若在各個宮位，有羊、陀、火、鈴、化忌來沖破，主其人有身體殘疾。

※廉貞在未宮是廉殺坐命，廉貞在申宮是單星居廟坐命。要有化祿星在命宮必生於甲年才有廉貞化祿，故只能生在甲申年，未年就不可能逢到了。但逢其他的六吉星是可以的。祿存也不會在丑、未、辰、戌宮出現，故廉殺坐命者不會有祿存在命宮或遷移宮中，只有廉貞在寅、申宮坐命的人才有可能。

※廉貞屬火，屬紅色，帶有血光，故再有羊、陀、火、鈴、化忌來同度沖破，會因血光之災而殘廢、帶疾。

女命為廉貞坐命，在三合宮位中有吉星來拱照的，主其人能做高官的夫人。此命格的人，雖有惡星、殺星和吉星一起拱照，有沖剋但不為下等格局。

倘若女命是廉貞居廟位帶化祿坐命，其人是性情剛烈、機智伶巧、長相清秀、能與旺夫婿，有益子女的人。

做和尚、道士的人為廉貞坐命，三方有吉星拱照，是為宗教界大師級的僧人。此命格最好是廉相坐命，有天相能化廉貞之惡來向善。

廉貞在子宮、午宮居平位，是和居廟位的天相同宮，廉相坐命的人，生於丁年、己年、甲年的人有財祿和官位事業。

※廉相坐命生於丁年，有祿存在午宮，會在命宮或遷移宮。生於己年，也有祿存在午宮，而其命格中的『武貪格』中是武曲化祿、貪狼化權，會爆發極大之暴發運，會很有錢，成為巨富。

◎生於甲年，命宮中有廉貞化祿、天相，官祿宮有武曲化科、福德宮或財帛宮會有祿存，皆是主富的現象，事業也如日中天。

廉貞在卯宮、酉宮居平，必與破軍同宮。廉破坐命的人，生於乙年、辛年、癸年的人，主吉利。

※廉破坐命者生於乙年，有祿存在卯宮，會在命宮或遷移宮中，財帛宮有紫微化科、七殺，會賺文職或有格調的錢。

◎生於辛年，有祿存在酉宮，會在命宮或遷移宮中。生於癸年，有祿存在子宮，會在其人子女宮或田宅宮，命宮有破軍化祿，這些命格比較有財祿，是吉利的。

廉貞在寅宮入廟，甲年、庚年、己年生的廉貞坐命寅宮者，為貴等命格。

※廉貞坐命寅宮，生於甲年，有祿存和廉貞化祿在命宮，有雙祿、主富。生於庚年，在遷移宮

有祿存，在官祿宮有武曲化權、天府，其人喜歡政治，會做高官、主富。

◎生於己年，有祿存在午宮，會在夫妻宮或官祿宮。亦會有貪狼居平化權在遷移宮。又有武曲化祿、天府在官祿宮，事業成就很大，富貴皆有。

廉貞在申宮為入廟，廉貞坐命申宮，生於甲年，庚年、戊年的人為貴命。丙年生的人為次等命格。

※廉貞坐命申宮者，生於甲年，有祿存在遷移宮，有廉貞化祿在命宮，有武曲化科、天府在官祿宮。

◎生於庚年，有祿存在命宮，有武曲化權、天府在官祿宮。

◎生於戊年，有貪狼化祿在遷移宮，有祿存在子女宮，相照田宅宮。有太陰化權、太陽在僕役宮，主管女性職員多的職位好，有女性平輩貴人強力相助。有擎羊、七殺在夫妻宮，相照官祿宮，只要家中夫妻間能平順、保持關係，事業也會做得好。此人為陰險、善謀略之人。

◎生於丙年有廉貞化忌在命宮，其他的『祿、權、科』皆在閒宮，命格就為次級命格了。

廉貞在丑宮、未宮為居平，與七殺同宮。廉殺同宮坐命的人，有吉星在命宮或相對照或三合照守，就會有財祿、事業。（吉星指的是六吉星與祿星和『科、權、祿』等星）。

※廉殺坐命的人有文昌、文曲同宮或相照，生於丁年、戊年、己年、庚年、辛年、壬年、癸年

的人有『陽梁昌祿』格，事業和財祿都會有成就。

廉貞在辰宮、戌宮居平，與天府同宮。廉府同宮的人，生於甲年、庚年的人，有財祿、事業運。

※廉府坐命的人，生於甲年有廉貞化祿在命宮。有祿存在寅宮，會在夫妻宮或官祿宮中。官祿宮又有武曲化科、天相。夫妻宮中又有破軍化權，會相照官祿宮，因此格局好、有財有祿、有事業。

◎生於庚年，有祿存在申宮，會在夫妻宮或官祿宮，而且官祿宮尚有武曲化權、天相，會從事與政治或軍警、金融方面的工作，事業有成、財祿多。

廉貞坐命巳宮、亥宮為居陷地，會與貪狼居陷同宮。廉貪坐命的人，生於甲年、己年、丙年、戊年的較好，但有福而不耐久。

※廉貪坐命者，生於甲年，有廉貞化祿在命宮，有破軍化權、紫微在財帛宮。有武曲化科、七殺在官祿宮。有祿存在寅宮，會在子女宮或田宅宮，是故『命、財、官』有『科、權、祿』，財庫又有祿星，是工作較賣力，有家財的人。做武職有大出息。

◎廉貪坐命生於己年，有貪狼化權在命宮，有武曲化祿、七殺在官祿宮，做武職亦有財、有事業。

◎廉貪坐命生於丙年，有祿存在巳宮，會在命宮或遷移宮，命宮有廉貞化忌，田宅宮有天同化祿、天梁，會有專業技能，有財祿衣食之需。為常人命格，多官非、災禍。

◎廉貪坐命生於戊年，有貪狼化祿在命宮，有祿存在命宮或遷移宮，命格有雙祿，生活愜意，有小財富，只要命宮桃花星不太多，就禍少。桃花星多者為淫賤之人。

【原文】

廉貞入男命吉凶訣

歌曰　廉貞守命亦非常　賦性巍巍志氣強　革故鼎新官大貴　為官清顯姓名香

又曰　廉貞坐命號閑宮　貪破擎羊火更中　縱有財官為不美　平生何以得從容

又曰　廉貞落陷入閑宮　吉曜相逢也有凶　腰足災殘難脫厄　更加惡殺命該終

【解析】

男子是廉貞坐命者是吉、是凶

歌云：男子是廉貞坐命的人是不尋常的命格。天賦稟性軒昂志氣高，有大志向。能改革舊的、不好的事情，用新的，美好的來代替，因此可以做高官主大貴。此人可以做清高貴顯的大官，名揚四海，受人稱頌。

又說：廉貞居平、居陷坐命時，稱做在閒宮無用的說法。有貪狼、破軍、擎羊、火星與廉貞同宮坐命時，即使有財祿、有事業，都是不算好的，一生定有起伏墜落，又何以能夠從容度日呢？

※以上是指廉貪坐命加火星，或是廉破坐命又加擎羊星而言的命格。廉貪加火星坐命的人會有『火貪格』暴發運，坐命巳宮暴發得稍大。坐命亥宮，只有一丁點的暴發力，為火星在亥宮居陷之位的關係。廉破坐命的人，官祿宮就是武貪，亦有事業上之暴發運。一生會有起落的人生。廉破加擎羊坐命的人，擎羊也是居陷位的。這種命格的人，一生陰險、操勞、多用腦力、刑剋很重，無法有享福的日子。只要沒有劫空、化忌在官祿宮，依然都有暴發運，一生起伏不定，心思容易焦慮，因此無法輕鬆過日子。

又說：廉貞居陷宮坐命時，都算是落入閒宮而無用。就算是有吉星來相照、同宮，也會有一些凶象。其人的腰部、足部容易有傷災、殘廢的危險，是難以脫離災厄的，因此要小心。（這是指廉破、廉貪、廉殺坐命的人而言的。）倘若更有惡星、煞星來同宮或相照，也就是生命該終了的時候了。

※廉殺坐命的人，逢到『廉殺羊』、『廉殺陀』在大運、流年、流月、流日、流時等時間，有三個時間條件重合遇到，都有車禍、或因交通事故（包括車、船、飛機，甚至坐摩天輪等）而喪生。

◎廉破坐命、廉貪坐命的人，逢到流運（包括大運、年、月、日、時等）有破軍、擎羊、陀羅、巨門、火星三重逢合時有災難。其中以擎羊最為凶猛，有血光立即死亡之徵兆，亦是以與鐵器、石器有關的死亡方式。

【原文】

廉貞入女命吉凶訣

歌曰　女人身命值廉貞　內政清廉格局新　諸吉拱照無殺破　定教封贈在青春

又曰　廉貞貪破曲相逢　陀火交加極賤傭　定主刑夫并克子　只好通房娼婢容

【解析】

女子是廉貞坐命是吉、是凶

歌云：女子的身宮或命宮有廉貞星，是一個懂得節省、勤儉、自省能力強，會做事的人。更會除舊佈新把家裡打理的井井有條。倘若有更多的吉星在三合宮位中拱照，而無殺星來沖破的命格，一定是在年青時就能輔助丈夫事業成功，坐上官夫人寶座的人。

又說：廉貞和貪狼、破軍、文曲同宮或相照坐命的人（指廉貪、文曲坐命或廉破、文曲坐命，亦或是廉貪坐命、文曲在遷移宮，亦或是廉破坐命，文曲在遷移宮這四種命格的人。）再有陀羅、火星在命宮或遷移宮出現時的命格，會做傭人、僕人的工作。一定會刑剋丈夫和兒子，所以只能做與人私通有姦情，或做家中的婢女與主人私通，亦或是娼妓的身份了。

【原文】

廉貞入限吉凶訣

歌曰　廉貞入限旺宮臨　喜逢吉曜福駢臻　財物自然多蓄積　任人得意位高陞

又曰　大小二限遇廉貞　更有天刑忌刃侵　膿血刑災逃不得　破軍貪殺赴幽冥

【解析】

廉貞在限運中是吉、是凶

歌云：廉貞居廟在限運中時（指廉貞在寅宮、申宮逢限運、流年的時候。）若有吉星同宮（指祿存、化祿、權、科及六吉星）會有喜慶和財福，都很完美的好運。財祿會變多，積蓄也會變多。任何人逢到這種好運，都是會有升官得意的好運道的。

又說：倘若人的限運在大運、小限、流年中逢到廉貞運，還有天刑、化忌、羊刃（擎羊）來同宮的運程。是有開刀、車禍、血光之事的刑剋災難逃不掉的。再有破軍、貪狼、七殺同宮時，是會赴陰曹地府的。

※以上是指廉破運、廉貪運、廉殺運，再有天刑、化忌、擎羊三個星之一來同宮時所會遇到的血光之災。

廉破運中怕的是廉貞化忌、破軍、擎羊、天刑同宮的運程。

廉貪運怕的是廉貞化忌、貪狼、天刑同宮的運程。也包括廉貞、貪狼化忌、天刑的運程。

廉殺運怕的是『廉殺羊』的運程，或是更加天刑的運程。

以上幾種運程都是與性命生死攸關的運程。

天府星

【原文】

天府土，南斗化令星，為財帛主。為人面方圓、容紅齒白、心性溫和、聰明清秀、學多機變，能解一切厄。

喜紫微、昌、曲、左、右、祿存、魁、鉞、權、祿居廟旺，必中高第。羊、陀、火、鈴會合，好詐。

命坐寅、午、戌、亥、卯、未，六己生人貴。若巳、酉、丑、乙、丙、戊、辛人，文武財官格。

加亥、卯、未、辰、酉上安命者，甲庚人不貴，先大後小有始無終。女命清白機巧、旺夫益子，遇紫微、左、右同垣極美，作命婦。

子、午宮與武曲同，丁、己、癸生人為福財官格。

卯居得地之位，酉宮旺地，乙、丙、辛生人財官格。

寅入廟，申宮得地，紫微同，丁、己生人財官格。

辰、戌宮入廟，廉貞同，甲、庚、壬生人財官格。

丑、未入廟，加吉星財官格。

巳、亥宮得地，乙、丙、戊、辛生人財官格。

【解析】

天府星五行屬土，是南斗第一主星，化氣為令，是令星。為財帛及田宅主。

天府坐命的人，其人的相貌心性是：臉型是方裡帶圓的形狀，面容紅色，牙齒潔白。其性情很溫和，是很聰明又外型清麗秀氣的人。能夠好學、又很機智、善於應變，能夠處理一切危險凶厄的事情。

天府坐命，喜歡與紫微、文昌、文曲、左輔、右弼、祿存、天魁、天鉞、化權、化祿這些星居廟旺的時候來同宮，則一定是會考試高中，有成就的。若有擎羊、陀羅、火星、鈴星同宮坐命或在命宮對照、三合照守，有煞星侵臨的命格，其人就會陰險，奸詐。

天府坐命在※註①寅宮、午宮、戌宮、亥宮、卯宮、未宮的人，生於六己年（己年生的人）主貴。※註②倘若坐命於巳宮、酉宮、丑宮的人，生於乙年、丙年、戊年、辛年的人，是文武全才，有財祿、有事業的人。

倘若坐命在※註③寅宮、卯宮、未宮、辰宮、酉宮的人，甲年、庚年生的人無法主貴顯。是事業起先做得很大，後者愈來愈小，最後有始無終，無疾而終的人。

女命是天府坐命的人，是身家清白，又有機智、伶巧的人。她能有幫夫運，旺盛夫家，有益子女。倘若女命是紫府加左輔、右弼同宮坐命的人，命格是最上等的命格，可以做高官的夫人，為貴婦。

※註①：六己年生人，是指己年生的人，也就是指己丑、己卯、己巳、己未、己酉、己亥年生的人。己年生的人，有祿存在午宮，有武曲化祿、貪狼化權、天梁化科、文曲化忌。

◎天府坐於寅宮，是指紫府坐命的人，生於己年，財帛宮有武曲化祿，福德宮有貪狼化權、僕役宮有天梁化科，有極強的暴發運格。其人的官祿宮是廉相。其人會做高級公務員，可為高官，或為大企業、財團之負責人，故可主貴。

◎天府坐於午宮，是武府坐命的人。生於己年，命宮中有武曲化祿、祿存，有雙祿，為極富之命格。福德宮又有貪狼化權，故主貴命。可做金融機構、政府財經首長，故主貴。

◎天府坐命戌宮，是廉府坐命的人，生於己年，有武曲化祿、天相在官祿宮，有紫微居廟和祿存在財帛宮，有貪狼居旺化權在福德宮，會做官從事政治事業，主貴。

◎天府坐命亥宮，居得地之位，生於己年，有武曲化祿、貪狼化權在福德宮，有擎羊在財帛宮，有天相陷落在官祿宮，會做公職。但官位與財祿並不如前面幾種命格的人高，是一般常人命格。

◎天府坐命卯宮，居得地之位。生於己年，有祿存和巨門同在田宅宮，有武曲化祿、七殺在遷移宮，有廉貞、貪狼化權、陀羅在福德宮，財帛宮是空宮，官祿宮有天相、擎羊，是刑印的格局。因此財祿並不算好，工作上也會有因事得咎，遭到處罰或官非，事業運也不算好，不能主貴。

◎天府坐命未宮，居廟位。生於己年，祿存是在兄弟宮，有武曲化祿、破軍、陀羅在夫妻宮，有紫微、貪狼化權在福德宮，有擎羊在命宮。有天梁化科在僕役宮，重要的『科、權、祿』和祿存，全在閒宮為無用。而其人的財帛宮是空宮，官祿宮是天相居得地之位。因此而命格是公務員、薪水階級之命格，為常人命格，無法主貴。

※註②：天府坐命在巳宮，為居得地之位，遷移宮是紫殺。財帛宮是空宮，官祿宮是天相陷落。生於己年，有祿存和廉破同宮於夫妻宮，有紫微化科、七殺在遷移宮，有天機化祿、天梁化權在僕役宮，『科、權、祿』全在閒宮，因此其人只有環境好一點，但財祿並不多。做軍警職，會有名聲好、地位高的工作。

◎天府坐命巳宮生於丙年，有祿存在命宮，在天同陷落化祿、太陰、擎羊在父母宮，有天機化權、天梁在僕役宮，有廉貞化忌、破軍在夫妻宮，會相照官祿宮，權祿皆在閒宮無用。只有常人命格，有衣食之祿。文職、武職皆可，流年不佳，有失職危險。

◎天府坐命巳宮生於戊年，有祿存在命宮，有武曲、貪狼化祿在福德宮，有天同居陷、太陰居平陷、擎羊居陷在父母宮，有天機化忌、天梁在僕役宮。其人有財祿，做公職人員，地位不高。生於辛年，有祿存和天相陷落在官祿宮，有太陽化權、巨門化祿在田宅宮，故其人職位不高，但有財祿，可擁有眾多房地產。

◎天府坐命酉宮居旺，生於乙年，有祿存和武殺同在遷移宮，有天機化祿在子女宮，有天同、天梁化權、陀羅在僕役宮，有紫微化科、破軍在夫妻宮，『權、祿、科』皆在閒宮無用。為常人命格，稍有衣食之祿，為公職人員，薪水族命格。

△生於丙年，有祿存在財帛宮，有天同化祿、天機化權在僕役宮，有廉貞化忌、貪狼在福德宮，稍有衣食之祿，為普通公職人員，會有官非受罰之事。

△生於戊年，有祿存在財帛宮，有貪狼化祿、廉貞在福德宮，有太陰化權在父母宮，有天機化忌在子女宮，其人有一定的財祿，不多，與六親關係皆不好，做公職佳。

△生於辛年，有祿存在命宮，有巨門化祿在田宅宮，有太陽化權在疾厄宮為閒宮無用。做公務員、武職佳，有財祿、房地產多。

◎天府坐命丑宮為居廟位，生於乙年，有祿存和紫微化科、貪狼在福德宮。有天機化祿、太陰化忌在父母宮，有天梁化權在僕役宮，『科、權、祿』全在閒宮，無用。為常人公務員命格，有衣食之祿。

△生於丙年，有祿存和天相在官祿宮，有天同化祿在子女宮，有天機化權、太陰在父母宮，有廉貞化忌、七殺在遷移宮，外界的環境不佳，多是非爭鬥，有官非，做武職較佳。

△生於戊年，有祿存、天相在官祿宮，有紫微、貪狼化祿在福德宮，有天機化忌、太陰化權在父母宮，做公職、武職，會因事業得祿，有相當的地位、事業。

△生於辛年有祿存在財帛宮，有巨門陷落化祿在田宅宮，有太陽陷落化權在兄弟宮，權祿在閒宮無用。做公職有財祿，有一棟房地產但會產生是非困擾。

※註③：天府坐命亥宮，生於甲年，有祿存和太陽化忌、巨門同宮在田宅宮，有廉貞化祿、破軍化權在夫妻宮，有武曲化科、貪狼、陀羅在福德宮，有擎羊陷落和天相陷落在官祿宮，財帛宮是空宮，事業上地位低，有刑印格局，故無法主貴。

◎天府坐命亥宮生於庚年，祿存在子女宮，有太陽化祿、巨門在田宅宮，有武曲化權、貪狼在福德宮。有陀羅獨坐在財帛宮，官祿宮是天相陷落，而擎羊、廉破同宮在夫妻宮，會相照官祿宮，此命格是財祿、事業皆不好之人，但有祖產可供生活，是不會主貴的。

◎天府坐命卯宮，生於甲年，有擎羊在命宮。遷移宮是武曲化科、七殺。有紫微、破軍化權在夫妻宮。有廉貞化祿、貪狼在福德宮，有太陽化忌在疾厄宮。而財帛宮是空宮，官祿宮是大相居得地之位。此人為陰險狡詐之人，『權、祿』皆在閒宮，故無法貴顯。

△生於庚年，有武曲化權、七殺、擎羊在遷移宮，官祿宮有天相、陀羅，宜武職，但環境中多險惡，故難貴顯。

◎天府坐命未宮，生於甲年，遷移宮有廉貞化祿、七殺、陀羅。夫妻宮有武曲化科，破軍化權，財帛宮有擎羊星。宜軍職，錢財不順，難貴顯。

△生於庚年，福德宮有紫貪、擎羊，命宮中有陀羅，其他的『科、權、祿』全在閒宮，有人會因愚笨、淫貪，而毀前程，無法貴顯。

◎天府坐命辰宮，是廉府坐命的人，生於甲年，命宮有廉貞化祿。破軍化權和祿存是在夫妻宮。其人的財帛宮是紫微居平，官祿宮是武曲化科、天相，其人會做文職公務員，或做衣食服務業，但不顯貴。

△生於庚年，有祿存、武曲化權、天相在官祿宮，有太陽化祿、天梁、擎羊在僕役宮，有天同化科、巨門、陀羅在福德宮，其人天生比較笨拙，但會從武職、或公務員行業，在工作上會有財祿，但不主貴。

◎天府坐命酉宮，生於甲年，有擎羊、武曲化科、七殺在遷移宮，有太陽化忌在僕役宮，一生在外的環境多險惡爭鬥。並且在男性團體及社會中無法展露頭角，故無法貴顯。

△生於庚年，有天府和擎羊同宮坐命，財帛宮是空宮，遷移宮有武曲化權、七殺，其人陰險，帶有邪氣，做武職佳，但不能貴顯。

天府在子宮、午宮與武曲同宮，天府居廟，武曲居旺位。武府坐命的人，生於丁年、己年、癸年的人，會有福，有財祿，有事業。

※武府坐命的人，生於丁年，有祿存在午宮，會在其人的命宮或遷移宮，其財帛宮為廉貞居廟，官祿宮為紫相，其他的『祿、權、科』全在閒宮，故主有大財富，及事業。

◎生於己年，有祿存在午宮，會在其命宮或遷移宮，命宮又有武曲化祿、天府，有貪狼化權在福德宮。命格中有雙祿主富貴，有大事業。

◎生於癸年，有祿存在子宮，是在其命宮或遷移宮，但有貪狼化忌在福德宮，是本身有財祿，但人緣較不好的人。亦可有大事業，做公職佳。

天府在卯宮獨坐居得地之位，在酉宮居旺位，天府坐命卯、酉宮的人，

生於乙年、丙年、辛年的人，有財祿、事業。

※天府坐命卯、酉宮，生於乙年，有祿存在命宮或遷移宮，有天機化祿在子女宮，有紫微化科、破軍在夫妻宮，有天同、天梁化權在僕役宮，『科、權、祿』全在閒宮，其財帛宮為空宮，有廉貪相照，官祿宮為天相，故其財祿為薪水族的財祿，事業平順，但並不強。

◎生於丙年，有祿存在財帛宮，有天同化祿、天梁在僕役宮，有天機化權在子女宮，有紫微化科、破軍在夫妻宮，有廉貞化忌、貪狼在福德宮，人緣不佳，『科、權、祿』又在閒宮，有固定工作，就有薪水之財祿、事業為慢慢升級的形式。

◎生於辛年，有祿存在命宮或遷移宮，有巨門化祿在田宅宮，有太陽化權在疾厄宮，『權、祿』在閒宮，辛苦工作，做薪水族，有較多的房地產。

天府在寅宮居廟位，在申宮居得地之位，是和紫微同宮。紫府坐命的人，生於丁年、己年的人，有財祿、事業運好。

※紫府坐命，生於丁年，有祿存在午宮，會在夫妻宮或官祿宮，有天同化權在疾厄宮，有太陰化祿在父母宮，有天機化科、擎羊在兄弟宮或擎羊在僕役宮，田宅宮有巨門化忌。當官祿宮有祿存進入的人，就是紫微坐命寅宮的人，事業運稍有財祿，命格較好。

◎紫府坐命生於己年的人，有祿存在己宮，會在子女宮或田宅宮中，有武曲化祿在財帛宮，有貪狼化權在福德宮，有天梁化科在僕役宮。此命格，事業上有大財祿，能掌權，事業會做得很大，是財官並美的格局。

天府在辰宮、戌宮為居廟位，與廉貞同宮。廉府坐命的人，生於甲年、庚年、壬年的人，有財祿、主貴，有事業運。

※廉府坐命，生於甲年，有祿存在夫妻宮或官祿宮，有廉貞化祿在命宮，有破軍化權在夫妻宮，有武曲化科、天相在官祿宮。『科、權、祿』在相照湊合的位置上，財祿豐，事業運也會很好。

◎廉府坐命生於庚年，有祿存在申宮，會在夫妻宮或官祿宮，而且官祿宮尚有武曲化權、天相。在事業上會因從公職、政治方面、金融方面的事務而得到大財利。主富格局，財官並美。

◎廉府坐命生於壬年，在財帛宮有紫微化權。但在官祿宮有武曲化忌、天相。因此此命格是主官貴之人，但在事業上錢財部份是常有是非麻煩的。所以不適合管理財務經濟，只適合一般文職。

天府在巳宮、亥宮居得地之位，是獨坐，對宮有紫殺相照。此命格的人生於乙年、丙年、戊年、辛年的人，有財祿和事業運。

※天府坐命巳、亥宮的人生於乙年，有祿存在夫妻宮或官祿宮。又有紫微化科，七殺在遷移宮，但有天機化祿、天梁化權在僕役宮，是為閒宮，故在事業上是稍有財祿，做文職工作較好。

◎生於丙年，有祿存在巳宮，會在命宮或遷移宮中，有天同化祿、太陰在父母宮，天機化權、天梁在僕役宮，權祿皆在閒宮。又有廉貞化忌在夫妻宮，會相照官祿宮。其財祿只是小公務員、薪水級的財祿，無大事業和大財富。

◎生於戊年，有祿存在巳宮，會在命宮或遷移宮中，有武曲、貪狼化祿在福德宮，故命中有雙祿、主富。但事業運並不一定好，因為官祿宮是天相陷落的關係，職位低。

【原文】

天府入男命吉凶訣

歌曰　天府之星守命宮　加之權祿喜相逢　魁昌左右來相會　附鳳攀龍上九重

又曰　火鈴羊陀三方會　為人奸詐多勞碌　空劫同垣不為佳　只在空門也享福

【解析】

男子爲天府坐命是吉、是凶

歌云：男子有天府星在命宮的人，再有化權、化祿、祿存在對宮相照的人，以及有天魁、文昌、左輔、右弼在命、財、官、遷等宮來相照會的人，會有貴人運，有貴人提攜有官位。

又說：天府坐命的人，若三合宮位中有擎羊、陀羅、火星、鈴星來照守的人，是勞碌型的人，且內心奸詐。若天府和天空、地劫同宮坐命的命格不太好。天府是財庫星，被劫空了，所以做僧人道士，在佛門中會享福氣，少勞碌。

【原文】

天府入女命吉凶訣

歌曰　女人天府命身宮　性格聰明花樣容　更得紫微三合照　金冠霞帔受皇封

又曰　火鈴擎陀來沖會　性格庸常多晦滯　六親相背子難招　只好空門為尼計

【解析】

女子為天府坐命是吉、是凶

歌云：女子有天府在命宮、身宮的人，是外貌美麗，又天資聰明的人。倘若有紫微星在三合宮相照守的人（在對宮有紫殺的人不算），是會做高官夫人的命格。

又說：女子天府坐命，有火星、鈴星、擎羊、陀羅來在對宮或三合宮位相沖照的人，性格是平庸的常人命格。並且運氣多半是晦暗不明停滯不前的。並且有與家人、朋友不和，以及難以有兒子（生產、懷孕困難）。此命格的人做佛門尼姑是最好的計畫了。（指出家為尼較佳，為孤獨命格）

【原文】

天府入限吉凶訣

歌曰　限臨天府能司祿　士庶逢之多發福　添財進喜永無災　且也潤身並潤屋

又曰　南斗尊星入限來　所為謀事稱心懷　若還又化科權祿　指日欣然展大材

【解析】

天府在限運中是吉、是凶

歌云：在大小限及流年中逢到天府運，能進財祿。讀書人、平常人逢到天府運也都能有福氣。都是進財、升官、買房地產、有喜事的好時刻，是永無災害的運程。並且也會身心愉快，和買進房地產。

又說：天府這顆南斗最尊貴的星到限運中，想要找工作或發展事業是會成功、達成心願的。倘若天府的同宮或對宮再有化科、化權、化祿星，這種限運是一定會有飛煌騰達的一天，可展露才華的。

太陰星

【原文】

太陰水，南北斗化富，為母宿、又為妻星，為田宅主。太陰面方圓、心性溫和、清秀、耿直聰明，花酒、文章、博學橫立功名。

身若逢之則隨娘繼拜，陷地化吉科、權、祿返凶，出外離祖吉。更遇羊、陀、火、鈴，酒色邪淫下賤夭折，最喜六壬、戊生人在巳、卯、未宮立命，合局。

乙、庚、戊入亥宮立命，上格。六丁人次之。六乙合格。六丁、六戊化科、權、祿，吉。

女命會太陽入廟，封贈夫人。若陷地，傷夫剋子，妾妓之輩。

子、丑、寅宮入廟，丁戊生人財官格。

卯、辰、巳宮陷地，乙、壬、戊生人孤寡不耐久。

午宮限，未、申宮利益，丁、庚、甲生人財官格。

酉、戌、亥宮入廟，丙、丁人財官格，吉星眾大貴。

【解析】

太陰星五行屬水，是中天斗星，化氣為富，代表母親，為母親的星曜。又稱為妻星，為田宅主。

太陰坐命的人，臉型是方中帶圓的臉型（也會是鵝蛋臉）。他的性情是溫和的，長相清秀，性格耿直，很聰明。好喝酒、酒量好。為人有感性，故感性文章寫得好，也喜歡寫情書。喜歡學東西、學得很多，可以有暴發運，出人頭地。（必須具有暴發格的人才行）。

人的身宮中若有太陰星的人，是隨母親改嫁、再嫁、改姓他人姓氏的人。若有太陰居陷坐命，有吉星相伴、相照或同宮的人是屬於吉命的人。但是太陰居陷又加化科、化權、化祿的人是反而是不吉的命格。（乙年、庚年、丁年、戊年、癸年生的太陰居陷坐命者不吉。）此命格只適合出外到他鄉、離開家裡出外打拚，會有吉運。

倘若太陰居陷坐命，還有羊、陀、火、鈴在三合宮位、對宮、同宮等宮位出現的人，是喜歡酒色財氣，性情好邪佞、淫慾，一生會下賤沒有用，也容易夭折死亡，這種太陰居陷坐命的人，生於壬年、戊年，又坐命在巳宮、卯宮、未宮的人較好，會稍有財祿。

※太陰坐命巳宮居陷，生於壬年，有祿存在亥宮，是在遷移宮中，環境中有一些財祿，故較好。生於戊年和丙年，有祿存在命宮也較好。

◎太陰坐命卯宮，生於壬年，有祿存在財帛宮。生於戊年，有祿存在福德宮，也較好，手邊和生活上有一些財祿。

◎太陰坐命未宮，是太陽居得地之位、太陰居陷坐命。此命格生於壬年，宮祿宮會有祿存和天梁陷落同宮，可做公職、薪水階級，職位不高，但有一點財祿。生於戊年，有祿存和天同居廟在夫妻宮，配偶是溫和有財之人，可以照顧他。

太陰坐命亥宮為居廟坐命的命格，又生於乙年、庚年、戊年的人是上等命格。丁年生的人次之。乙年生的人尚可。丁年、戊年生的人命格中有化科、化權、化祿，是較吉利的，會有出息做大事業。

女子為太陰坐命，若三合宮位有太陽居廟三合照守，會做高官的夫人。若女命為太陰陷落，則會刑剋丈夫及兒子，也會做妾室或妓女。

※六壬年指的是壬子年、壬寅年、壬辰年、壬午年、壬申年、壬戌年。

六丁年指的是丁丑年、丁卯年、丁巳年、丁未年、丁酉年、丁亥年。

六乙年指的是乙丑年、乙卯年、乙巳年、乙未年、乙酉年、乙亥年。

六戊年指的是戊子年、戊寅年、戊辰年、戊午年、戊申年、戊戌年。

六庚年指的是庚子年、庚寅年、庚辰年、庚午年、庚申年、庚戌年。

※太陰在亥宮坐命為居廟，在水宮，乙、庚年生人，雖有太陰化忌在命宮，為『變景』。是化忌不忌，不做不吉論，但有是非及與家中女子仍有不親密之現象。

◎太陰坐命亥宮，生於乙年，有太陰化忌在命宮，為『變景』。有祿存和陽梁居廟在官祿宮。有天機居平化祿在遷移宮，官祿宮有天梁化權。權祿在官、遷二宮，故主吉，有官貴和財富，其人的田宅宮是武相，會有不少的房地產。

◎太陰坐命亥宮生於庚年，在官祿宮有太陽化祿、天梁。在田宅宮有武曲化權、天相。在夫妻宮有擎羊，會相照官祿宮，命宮有太陰化忌之變景，其人也會做高官，但有起伏。家中房地產多。

◎太陰坐命亥宮生於戊年，有祿存和天機化忌在遷移宮中，命宮是太陰居廟化權，財帛宮是空宮，官祿宮是陽梁。其人會做高級公務員，或在金融機構、財經機構、大企業中管理財務，自己手邊的錢不多，是薪水階級，所管的財務數字卻很龐大，職位高，有家產。

◎太陰坐命亥宮，生於丁年，有太陰化祿在命宮，有天同居陷化權、巨門化忌居陷在福德宮，財帛宮是擎羊，又有天機居平化科、陀羅在遷移宮，其人會在文化機構工作，環境多變化、操勞，為薪水族，辛苦積蓄有家產。故為合格之命格。

太陰在子宮、丑宮、寅宮為入廟位。這些命格的人，生於丁年、戊年的人有財祿和事業運。

※太陰在子宮坐命為同陰坐命的人，天同居旺，太陰居廟。生於丁年有太陰化祿、天同化權在命宮，有祿存在遷移宮，有天機化科、天梁在官祿宮，有太陽和巨門化忌在福德宮，但財帛宮為空宮。此人有『權、祿、科』在命、官二宮，故可主貴，從事學術工作有成就、財祿。但一生多是非。生於戊年，有太陰化權在命宮，有天機化忌、天梁在官祿宮，也可在財經、金融機構工作，但工作中多是非，事業有起伏。

◎太陰在丑宮，是日月同宮坐命。生於丁年，有太陰居廟化祿、太陽居陷在命宮，遷移宮中有擎羊。天同化權在夫妻宮，有天機化科、巨門化忌在福德宮。此人的環境中多陰險爭鬥，其人本性中又多是非，唯有靠配偶的力量，可有福。此人主富，不主貴。

△生於戊年，有太陽陷落，太陰居廟化權在命宮。有祿存、天梁陷落在官祿宮，財帛宮仍是空宮，福德宮有天機化忌、巨門。故此命格主富不主貴，工作上亦有財祿，為公職人員、薪水族，做會計人員之命格。

◎太陰在寅宮，為天機、太陰同宮坐命的人。天機為居得地之位、太陰居旺位。機陰坐命於寅宮，生於丁年，有天機化科、太陰化祿在命宮，官祿宮有祿存、天梁居廟，有巨門居陷在福德宮，財帛宮是天同居平化權。此人長相俊美、有氣質，為薪水族之人，有『權、祿、科』在『命、財、官』之中，會有大成就，是和財祿有關的事業。但易惹是非。

△生於戊年，有太陰化權，天機化忌在命宮，官祿宮有天梁、擎羊，田宅宮有祿存、天相。此人事業上多競爭，有起伏。性格上也會有聰明過頭而遭災、多是非，思想上有異於常理的想

法，多遭嫉。會掌管經濟、財祿。但本身手邊錢財不多，多的是房地產。

太陰坐命卯宮、辰宮、巳宮為獨坐居陷位。這些命格的人生於乙年、壬年、戊年的人，是孤獨，有鰥寡情形，有好運也不長久的。

※太陰坐命卯宮的人，生於乙年，有太陰化忌、祿存在命宮，有天梁居旺化權。在官祿宮，有天機居陷化祿在夫妻宮，此命格的人，有事業運，有強勢的貴人運，若有文昌在命、財、官、遷，可形成『陽梁昌祿』格，成就會更高。配偶以配年紀比自己小很多歲的人為佳，否則有孤寡情形。有暴發運，在辰、戌年暴發。

△生於壬年，有祿存、太陽陷落在財帛宮，有天梁化祿在官祿宮，有武曲化忌在『武貪格』暴發運格中，暴發運不發。有衣食之祿，為薪水族，有工作就有衣食。宜配年紀小於自己之配偶。

△生於戊年，有太陰居陷化權在命宮，有祿存、巨門居旺在福德宮，財帛宮是太陽陷落，官祿宮是天梁居旺，夫妻宮是天機居陷化忌。此人能掌握的錢財有限，有衣食之祿，在是非中尋找賺錢的機會，夫妻感情不佳，易有孤寡之事。但有貪狼化祿在命格中的暴發運中，一生能多得錢財，大起大落，不耐久。

◎太陰坐命辰宮居陷，對宮又有居陷的太陽星，一生運氣不算好。生於乙年，有太陰化忌、擎羊在命宮，有天機居廟化祿在財帛宮，有天同居旺、天梁陷落化權在官祿宮，夫妻宮是空宮。雖然權、祿在財、官二位，可有衣食之祿，但一生操勞、陰險，也易做小老婆或第三者，或有不正之婚姻關係，一生多起伏，流年不利，會自殺身亡。

△生於壬年，有擎羊和天機在財帛宮，有天同、天梁居陷化祿在官祿宮，有武曲化忌、七殺在僕役宮，朋友運不佳。有太陽陷落、陀羅在遷移宮，此人一生不順，財運不佳，又多變化，亦無貴人相助，做事能力也不好，較懶惰，大運不佳時，窮困、孤寡在所難免。

△生於戊年，有太陰居陷化權在命宮，有祿存、貪狼居陷化祿、廉貞居陷在父母宮。有天機化忌在財帛宮，有巨門、擎羊在福德宮。此命格的人很頑固，有不良但稍有錢的父母，並且受制於父母，因自己沒有財祿，在大運、流年不佳時，『巨、火、羊』相逢的時運中會跳水或自縊死亡。此人一生坎坷！

◎太陰坐命巳宮居陷，對宮為居平的天機化祿。外在的環境也起伏多變不太好。生於乙年，有太陰居陷化忌在命宮，有祿存在夫妻宮，財帛宮是空宮，福德宮是同巨。官祿宮為太陽居平、天梁居得地之位化權。此人有特殊才能，但仍靠配偶過日子的為多。財祿不豐，稍有一點貴人運。

△生於壬年，有祿存和天機居平在遷移宮，有太陽居平、天梁化祿在官祿宮，有紫微、擎羊在疾厄宮，有武曲化忌、天相在田宅宮。此人有衣食之祿，身體有疾病易開刀。因夫妻宮為空宮，易做妾室、小老婆，靠人過活。因財帛宮是空宮，福德宮又是同巨，故也得不到很多錢。

△生於戊年，有祿存和太陰居陷化權在命宮，有天機化忌在遷移宮，一生運氣不好，多是非災禍，有衣食之祿。夫妻宮為空宮，容易做妾室和小老婆，大運不佳時，會入空門。

太陰在午宮居陷，在未宮、在申宮居平位。這三個命格的人，生於丁年、庚年、甲年的人，有財祿和事業運。

※太陰在午宮必和天同同宮，同陰坐命午宮是雙星俱陷落，財福都沒有的人。生於丁年，有祿存和太陰居陷化祿、天同居陷化權在命宮。財帛宮是空宮，官祿宮是天機化科、天梁。福德宮有太陽、巨門化忌。此人稍有衣食之祿、懶惰、愛享福。一生多是非，靠是非生財。但財不多。若工作，可做一般薪水族或文教事業。

△生於庚年，祿存在福德宮與陽巨同宮。父母宮有武曲化權、貪狼，有極強勢的暴發運，未年暴發力最大，可多得一點錢財，本命宮中也有天同化科、太陰化忌。有專業技術一生可衣食無慮。

△生於甲年，有祿存在財帛宮，有武曲化科在『武貪格』暴發運中，其人的暴發運會是文職的型態暴發。福德宮中有太陽化忌、巨門。寅、申年要小心有『羊陀夾忌』的災禍，一生多操勞，有食祿，做小職員。

◎太陰坐命未宮，為日月同宮，太陽居得地之位，太陰居陷。日月坐命未宮，生於丁年，有太陽、太陰居陷化祿、擎羊在命宮。一生多勞碌、陰險、多傷災。夫妻宮是天同居廟化權，福德宮是天機化科、巨門化忌。此人財帛宮是空宮，官祿宮是天梁陷落。此人多靠配偶過活，一生事業工作期短。

△生於庚年，有太陽化祿、太陰居陷化忌在命宮，有擎羊、機巨在福德宮，有天同居廟化科在夫妻宮。此人一生勞碌，多是非災禍、傷災，但有美麗、俊俏、溫和、能幹之配偶，婚姻關係良好、幸福、事業運差。有配偶相助過日子。

△生於甲年，有太陽化忌、太陰居陷在命宮，有擎羊陷落在財帛宮，有武曲化科、天府在兄弟宮，此人自身無財運，但家庭運好，有兄弟、配偶幫忙，可過日子。

◎太陰坐命申宮必與天機同宮，太陰居平，天機居得地之位。生於丁年、有天機化科、太陰居平化祿在命宮，夫妻宮是太陽、祿存，福德宮有巨門陷落，做薪水族，有食祿。長相俊美、有賢配偶。

△生於庚年。有祿存在命宮，夫妻宮是太陽化祿，命宮中尚有太陰化忌，財帛宮是天同居平化科。有專業技能，衣食之祿。

△生於甲年，有祿存在遷移宮，有太陽化忌在夫妻宮，有衣食之祿。

太陰坐命酉宮居旺，在戌宮居旺，在亥宮居廟。生於丙年、丁年的人有財祿，富貴，有吉星拱照多的，主大貴。

※太陰坐命酉宮居旺，生於丙年，有天同化祿在遷移宮，有祿存、太陽居旺在財帛宮，官祿宮是天梁居旺，做公務員主富，有官職。做生意人亦佳。生於丁年，有太陰居旺化祿在命宮，福德宮有巨門化忌，有天機化科、擎羊在夫妻宮，官祿宮是天梁居旺，財帛宮是太陽居旺，有天同化權在遷移宮，此人婚姻運不佳，但有財祿、事業。

◎太陰坐命戌宮，對宮是太陽居旺，生於丙年，有天機化權、擎羊在財帛宮，賺錢多競爭激烈，但有主控權。官祿宮有天同化祿、天梁，財、官二位有權祿，工作有能力，有事業和財運。

△生於丁年，有太陰化祿在命宮，有祿存、天機化科在財帛宮，有天同化權、天梁在官祿宮，有巨門化忌在福德宮。有『祿、權、科』在『命、財、官』會有大事業、大財祿，但一生多是非波折。

◎太陰坐命亥宮居廟，生於丙年，有祿存和天機居平化權在遷移宮，有天同居陷化祿、巨門在福德宮，財帛宮是空宮，官祿宮是陽梁，此人有官貴，有『陽梁昌祿』格的人，事業運好，財祿多。

△生於丁年，有太陰化祿在命宮，有天機化科在遷移宮，有天同化祿、巨門化忌在福德宮，財帛宮是擎羊，官祿宮是陽梁，故此人有『陽梁昌祿』格主貴命，可做高官。雖然手頭不富裕，但有家財。田宅宮是武相。

【原文】

太陰入男命吉凶訣

歌曰　太陰原是水之精　身命逢之福自生　酉戌亥垣為得地　光輝揚顯姓名亨
又曰　太陰入廟化權星　清秀聰明邁等倫　稟性溫良恭儉讓　為官清顯列朝紳
又曰　寅上機昌曲月逢　縱然吉拱不豐隆　男為僕從女為妓　加殺沖殺到老窮
又曰　太陰陷地惡星中　陀火相逢定困窮　此命只宜僧與道　空門出入得從容

【解析】

男子為太陰坐命是吉、是凶

歌云：太陰就是月亮，影響潮汐，五行屬水，中國人認為它是水之精靈。

當男子的命宮或身宮逢到太陰星時，便有福氣。坐命在酉宮、戌宮、亥宮為居旺、居廟位的命格為佳，是為在重要最好的位置。有這種好命格的人，可以成就事業，有官職，也會名揚四海。

又說：有太陰居廟化權坐命的人，是長相清秀，有絕等聰明的人，天賦稟性溫和善良、謙恭、節儉、謙讓，可做政府中清高、貴顯的官位。

又說：坐命在寅宮，有天機、文昌、文曲和太陰同宮的命格，即使在三合宮位中有吉星來拱照的命格，也是不算富裕的命格。常常是男子為僕人、侍從，女子為娼妓之人的命格。倘若再有殺星同宮，或有煞星在對宮及三合宮位來沖照的命格，是到老都窮困的命格。（這主要是因為昌曲在寅、午、戌居陷的關係，人的氣質和財祿就很差了。若再有殺星沖照，命窮、運也窮是一定的了。）

又說：太陰居陷坐命，又有惡星同宮，這些惡星中有陀羅、火星在命宮、對宮或三合宮位中（即命、財、官、遷），一定主其人是貧窮困頓的。這種命格只適宜做和尚、道士，在佛門、道場中生活是比較輕鬆自在的，會沒有生活的壓力。

【原文】

太陰入女命吉凶訣

歌曰　月會同陽在命宮　三方吉拱必盈豐　不見凶殺來沖會　富貴雙全保到終

又曰　太陰陷在命和身　不喜三方惡殺侵　剋害夫君又夭壽　更虛血氣少精神

【解析】

女子爲太陰坐命是吉、是凶

歌云：倘若女子是同陰坐命，或是日月坐命，三合宮位中有吉星相拱照的人，必有富足豐滿的財運。以沒有凶星、殺星來沖照、同宮的命格最好，一定會一生都有富貴雙全的生活到老的。

又說：有太陰居陽在命宮或身宮的女子之命格，不喜歡三合宮位（命、財、官）有惡星、殺星來沖照，會有刑剋丈夫，自己又短命的情形。其人的外表更是沒有精神，氣血兩虛的狀況。

【原文】

太陰入限吉凶訣

歌曰　太陰星曜限中逢　財祿豐盈百事通　嫁娶親迎添嗣續　常人得此旺門風

又曰　二限偏宜見太陰　添進財屋福非輕　火鈴若也來相湊　未免官災病患臨

又曰　限至太陰居反背　不喜羊陀三殺會　火鈴二限最為凶　若不官災多破悔

【解析】

太陰入限運中是吉、是凶

歌云：限運中逢到太陰居旺運，是會有很多的財運，做事都十分順利。會有嫁娶迎親等喜事，也會生丁添子。平常人有此旺運，也會興旺家門。

又說：大、小二限及流年最適合有太陰運了。可以買房子，增加收入，福氣很大。倘若流年中有火星、鈴星一起和太陰在限運中，就會有官非禍事和生病的災厄降臨了。

又說：限運在太陰居陷運時，不可有羊、陀在三合官位中沖照，有火星、鈴星在大、小二限中與居陷的太陰運同宮，是最凶的，即使不是有官司纏身，也會有破耗、後悔之事。

貪狼星

【原文】

貪狼水，北斗化桃花殺。貪狼入廟，長聳肥胖、陷宮形小、聲高而量大。性格不常、心多計較、作事急速不耐靜，作巧成拙，好賭博、花酒。

陷地加羊、陀、忌星則孤貧、破相、殘疾，有斑痕皰痣。入廟多居武藝之中，遇火、鈴喜戊、己生人，合局垣。不喜六癸生人，不耐久長。

女命平常，若陷地傷夫剋子，且不正。大多為娼婢，僧道亦不清潔。

子、午宮旺地，丁、己生人福厚，丙、戊、庚生，寅申人下局。

卯、酉宮利益，紫微同，見火星貴，乙、辛、己人宜之，財官格。

寅、申宮和平，庚生人財官格。

丑、未宮入廟，武曲同，見火星，戊、己、庚生人貴格。

辰、戌入廟，戊、己生人財官格。

巳、亥宮陷地，廉貞同，丙、戊、壬生人，為福不耐久。

【解析】

貪狼星五行屬水木，是北斗第一星，化氣為桃花，亦稱『桃花殺』。

貪狼居廟坐命的人，個子高，體型高壯胖型。貪狼居平則瘦小。聲音嗓門很大，音量高。其人的性格多變、起伏不定，內心多計較，做事很性急潦草，不喜歡安靜下來，坐不住。做事常弄巧成拙，喜歡賭博，喝花酒，好淫。

貪狼居陷坐命，必與廉貞同宮在巳、亥宮，若再有陀羅、化忌星就會孤貧。臉上有傷、破相、或身體有殘疾。其人臉上也會有斑紋、胎記、黑斑、肉瘤、黑痣、疱腫的情形。

貪狼入廟坐命的人多半做武職，或具有武術才藝。命宮中有火、鈴同宮或相照的人，最好是生於戊年、己年的人，因為有『火貪格』、『鈴貪格』等暴發運。生於戊年有貪狼化祿在命宮，生於己年有貪狼化權在命宮，再有『火貪』、『鈴貪』等暴發格，是最強勢的暴發格，會主富和主貴，財富很大，貴祿都大。最不喜歡是六種癸年生的人（即癸丑、癸卯、癸巳、癸未、癸酉、癸亥），因為癸年有貪狼化忌，會暴發運不發，為破格，而且失去好運和人際關係不佳的問題。（貪狼是好運星，有化忌，則沒有好運。）

女子為貪狼坐命為常人之命格。倘若是貪狼居陷坐命（指廉貪坐命），就會刑剋丈夫、兒子，而且行為不正經，較淫邪。此命格的人大多做娼妓、婢女。即使做尼姑、道士，也是不會貞潔的。

貪狼在子宮、午宮為居旺。此命格的人生於丁年、己年的人福氣最好。生於丙年、戊年、庚年的人又坐命在寅、申宮居平位的人，是下等命格格局的人。

※貪狼坐命子午宮的人，生於丁年，有祿存在午宮，會在其人的命宮或遷移宮。生於己年，有祿存在午宮，也會在其人的命宮或遷移宮，並且有貪狼化權在命宮。命格非常強勢，福德宮有武曲化祿、天相，一生財多、福份厚。

※貪狼坐命寅、申宮為居平，對宮有廉貞居廟位在遷移宮，表示環境中多是陰險爭鬥的環境，而此人的好運機會也不算多。丙年生的人，有祿存在子女宮或田宅宮，有廉貞化忌在遷移宮，思想更是古怪、人緣不佳，有官非和身體中血液的毛病，不為好命。

△戊年生的人，雖有貪狼化祿在命宮，但有擎羊居陷在午宮，會在夫妻宮或官祿宮，事業運或家庭中夫妻不和。庚年生的人，有武曲化權、天府在夫妻宮，有太陽化祿、太陰化忌在兄弟宮，權祿科皆在閒宮，不佳。

（貪狼坐命寅、申宮的人之命格中最好的就是夫妻宮了，所以不論男女多靠配偶過生活，或是靠配偶之力來生財，本身沒有能成就事業的能力，而且好淫。倘若夫妻宮不好，一生更是無望了，因此都是下等格局的命格。）

貪狼在卯宮、酉宮為居平位，有紫微同宮，為『桃花犯主』之格局，有火星同宮或在對宮相照的命格主貴，會有『火貪格』暴發運，可升官或發財。此命格的人，生於乙年、辛年、己年的人有財祿和事業運。

※紫貪坐命，再有『火貪格』的人，生於乙年，有祿存在卯宮，會在命宮或遷移宮中，而且命宮有紫微化科，田宅宮有天梁居廟化權，其人長相漂亮有氣質，性格有點怪，但是有家財的人，且有官貴，流年好時，可連升三級。

△生於辛年，有祿存在酉宮，會在命宮或遷移宮，子女宮有太陽化權，此人亦是有家財和事業運的人，做武職佳。

△生於己年，有紫微、貪狼化權在命宮，有武曲居平化祿、破軍在財帛宮，有天梁化科在田宅

宮，有權、祿在命、財二宮，故主財，可掌權主貴。

貪狼在寅、申宮居平位，庚年生的人，有祿存在申宮，會在命宮和遷移宮，故主有財祿、衣食。

※前面說過貪狼坐命寅、申宮的人，一生主要靠的是配偶的力量在支持，庚年生的人有武曲化權、天府在夫妻宮，本命或遷移宮中又有祿存，因此會因配偶之力而過富裕的生活，或相助事業。

貪狼在辰宮、戌宮居廟位，獨坐。此命格的人，生於戊年、己年的人有大財祿和極高的事業運。

※貪狼坐命辰、戌宮的人，生於戊年，有貪狼化祿在命宮，遷移宮是武曲居廟，本命是強勢的『武貪格』暴發運，故能在財富和事業上暴發大成就。

△生於己年，有貪狼化權在命宮，有武曲化祿在遷移宮，一生富裕，多金，而且有最強的暴發運，無論在事業、財富上都會是最高的成就，可為億萬富翁，也有官貴之顯，做武職、政治最佳。

貪狼坐命巳宮、亥宮為居陷地，必與居陷的廉貞同宮。廉貪坐命的人，生於丙年、戊年、壬年的人，即使有財福也是不長久的。

※廉貪坐命的人，生於丙年，有廉貞化忌在命宮，也會有祿存在命宮或遷移宮，其他的權、祿、

科皆在閒宮，此人做武職有衣食之祿，做文職不吉，耗敗無用。

△生於戊年，有祿存在命宮或遷移宮，有廉貞、貪狼化祿在命宮，有雙祿在命格中，但有天機化忌在疾厄宮，身體不好，不可能因色得病。

△生於壬年，有祿存在亥宮，會在命宮或遷移宮中，財帛宮中有紫微化權、破軍，官祿宮中有武曲化忌、七殺，做武職有掌管軍機財務，但也會因貪污遭罪，事業上的成就不佳。

【原文】

貪狼入男命吉凶訣

歌曰　四墓宮中福氣濃　提兵指日立邊功　火星拱會誠為貴　名震諸夷定有封

又曰　貪狼守命同羊宮　陀殺交加必困窮　武破廉貞同殺劫　百藝防身度歲終

又曰　四墓貪狼廟旺宮　加臨左右富財翁　若然再化科權祿　文武材能顯大功

【解析】

男子是貪狼坐命是吉、是凶

歌云：男子坐命在辰、戌、丑、未四墓宮時，是居廟位的命格。有特別好的福氣，可做武職，掌管兵權，在軍事戰爭中立大功。命格中有火星同宮或在對宮相照為『火貪格』加『武貪格』，是雙重暴發運、偏財運格，這是非常稀有的命格，可主貴命。一定會有威名可震壓敵軍，也一定會得到政付領發的功勳獎章的。

又說：有貪狼和擎羊同宮坐命的人，一定會有陀羅在夫妻宮，七殺星在官祿宮，因此有陀殺二星一起來刑剋，則主其人窮困。（這是因為其人內心較笨，想得多，但思緒方向不對，做事也做不好，為人又計較，好運沒有了，以致於窮困。）倘若再有武曲、破軍在財帛宮，有廉貞、七殺在官祿宮（此指紫貪、擎羊坐命的人）。此命格的人一定要有專業技能在身來過活才好。

又說：貪狼在四墓宮為廟旺之位，再有左輔、右弼同宮，及在遷移宮中的人，一定是大富之人，為億萬富翁。倘若『命、財、官』再有『化科、化權、化祿』的人，一定是有文武全才，能貴顯，做大官、做大事的人。

【原文】

貪狼入女命吉凶訣

歌曰　四墓宮中多吉利　更逢左右方為貴　祿財豐富旺夫君　性格剛強多志氣

又曰　貪狼陷地女非祥　衣食雖豐也不良　剋害良人并男女　又教衾枕守孤孀

【解析】

女子爲貪狼坐命是吉、是凶

歌云：女子為貪狼坐命在四墓宮是非常吉利的。倘若再有左輔、右弼同宮，才會為貴命。此人會有大財富，並且有旺夫、幫夫運。但是她的性格是非常剛強，有大志向會做大事的人。

又說：女子貪狼居陷坐命（指廉貪坐命）的人不吉利，雖有衣食生活豐裕，但品行也不好。會刑夫剋子，也會夫早死而獨守空閨。

【原文】

貪狼入限吉凶訣

歌曰　北斗貪狼入限來　若還入廟事和諧　科權仕路多成就　必主當年發橫財

又曰　貪狼主限四墓臨　更喜人生四墓生　若見火星多橫發　自然富貴冠鄉鄰

又曰　艱至貪狼陷不良　只宜節慾息災傷　賭蕩風流去財寶　吉曜三方可免災

又曰 女限貪狼事不良 宜懷六甲免災殃 若無吉曜來相會 須知一命入泉鄉

【解析】

貪狼入限運是吉、是凶

歌云：有北斗星之一的貪狼星在限運中時，倘若是在廟位的，則諸事順遂。（因為貪狼是好運星的關係）倘若有貪狼化祿、貪狼化權在運限中，升官就很快了，事業一定有成就。有這樣的運程時，該年一定會發財。

※貪狼在辰、戌宮居廟的運程中，因剛好是『武貪格』暴發運的運程，只要沒有化忌、劫空在局，則必然在辰年或戌年會發財。

又說：貪狼在四墓逢限運時，更喜歡其人坐命在四墓宮，以及更是辰、戌、丑、未年生的人。倘若再有火星同宮或在對宮相照，就是『雙重偏財運』格，一定會發大財，主富貴，遠超過周圍朋友和鄰居的。

又說：運限到廉貪運為陷落不佳的運程，只適合節制淫慾，平息災難和傷災。若是好賭、淫蕩、風流快活，錢財是一定會破耗無存的。倘若有吉星在廉貪的三合宮位中相照守的人，可少一點災難，只是錢財不順罷了。

又說：女命逢廉貪運，諸事不順，只適合懷胎生子，可免災禍，倘若廉貪運中沒有吉星同宮或對照，是會死亡入黃泉之路的。

※廉貪運生子也並不吉祥，須和運氣不好時，就會生出命格差、命窮的小孩，而且生產中也容易遇到不吉的血光之災。

古人以生子為喜事，可沖喜之故而言之。正確的來說，是不好的。

巨門星

【原文】

巨門水，北斗化暗，主是非。入廟身長肥胖，敦厚清秀。不入廟五短瘦小，作事進退疑惑，多學少精，與人寡合，多是多非，奔波勞碌。喜左、右、祿存。六癸、六辛生人，坐子、卯合局。

六庚、六丁生人，辰、戌安命卻不富貴。子、午宮安命，丙、戊生人孤寡夭折。

六甲生人而擎羊同，入廟在卯宮者破局。在子、午宮於身、命為石中隱玉格，更會祿、科、權福厚，會破、忌、羊、陀若不夭折男盜女娼。

女命入廟，六癸、六辛生人享福。陷地傷剋夫子，丁人遇極淫，此星在女命多有瑕玷。

子、午宮旺地，丁、己、癸、辛生人福厚，丙、戊生人主困。

卯、酉宮入廟，乙、辛生人財官格，丁、戊生人有成敗。

寅、申宮入廟，太陽同，庚、癸、辛生人財官格。

辰、戌宮和平，癸、辛生人貴，丁生人困。

丑、未不得地，癸、辛、丙生人財官格。

巳、亥旺宮，癸、辛生人財官格。

【解析】

巨門五行屬水，是北斗第二星，化氣為暗，主是非、爭鬥。

巨門居廟坐命的人，是身型高大、胖壯、長相清秀、敦厚的人。巨門不在廟地坐命的人，就會有五短身材，是瘦小的人。其人做事反覆無常，疑神疑鬼，喜歡學東西，但不學精深，只是稀鬆平常的學一點就好了。與人交往不容易相和諧，一生多是非口舌、爭執，也是一生勞碌奔波的人。巨門坐命最好有左輔、右弼、祿存來同宮坐命。

生於癸年、辛年的人，命坐子宮、卯宮（機巨坐命）的人最好。

生於庚年、丁年生的人，坐命在辰、戌宮，命宮居陷的人，是無法有富貴的，因為他們多半靠配偶及家人過日子。

坐命在子、午宮為巨門居廟的人，生於丙年有擎羊在命宮或遷移宮。生於戊年，也會有擎羊在命宮或遷移宮，容易孤獨、鰥寡、早死。

機巨坐命卯宮，生於甲年有擎羊同宮在卯的命格為破局，不佳。此命格一生不順、多傷災、事業運也不好。

在子、午宮有巨門在身宮、命宮的命格是『石中隱玉』格，再有化祿、化權、化科在『命、財、官』中，會福氣厚，有大事業和財祿。

倘若三合、四方宮位中有破軍、化忌、擎羊、陀羅來沖破的人，若不會中途夭折，必然是男為盜匪，女為娼妓、低賤之輩。

女子為巨門居廟坐命，癸年、辛年生的人可享福。巨門居陷為女命，會刑傷夫婿、兒子，丁年生的人最淫賤。巨門在女子命格中，多少都有瑕疵、不潔的因素。

坐命於子宮、午宮為居廟旺之位。此命格的人生於丁年、己年、癸年、辛年的人福份厚。生於丙年、戊年的人主窮困。

※巨門坐命子、午宮，生於丁年，有巨門化忌在命宮，有祿存在午宮，會在命宮或遷移宮，財帛宮是空宮，福德宮有天同化權、天梁。夫妻宮有太陰化祿，遷移宮是天機居廟，官祿宮是太陽。坐命子宮的人較佳，日月皆旺，財祿較多。坐命於午宮的人，日月反背，事業運較差一點，但有衣食之祿。

△生於己年，有祿存在午宮，會在命宮或遷移宮中，田宅宮中有武曲化祿、七殺。福德宮中有天同、天梁化科，有食祿，有貴人運。

△生於癸年，有祿存在子宮，會在命宮或遷移宮，又有巨門化權在命宮，有說服力，又有主控權。故財祿、事業有成就。

△生於辛年，有巨門化祿在命宮，有太陽化權在官祿宮。事業也會有成就，有財祿。

△生於丙年的人，有擎羊和天機化權在遷移宮，或擎羊在命宮，其人的環境中多變化、競爭，形勢壓人。必須有堅強、堅定的意志力來衝破難關才行，否則有困頓的人生，人生也多起伏不順。

△戊年生的人，有擎羊在午宮，會有命宮或遷移宮中，又有天機化忌在遷移宮，境遇中的變化都是多是非、災難的變化。境況不佳，故主人生困頓。

巨門在卯宮、酉宮居廟，與居旺的天機星同宮，機巨坐命，生於乙年、辛年的人有財祿、事業運。生於丁年、戊年的人，有起伏，成敗不定。

※巨門在卯、酉宮入廟，為機巨坐命的人，生於乙年，有祿存在卯宮，是在命宮或遷移宮，命宮中又有天機化祿，福德宮中有天梁陷落化權，財帛宮為天同居廟，官祿宮為空宮，有太陽、太陰化忌相照，此人做軍警業或學術研究，會有高成就，也有財祿。

△生於辛年，有祿存在酉宮，會在命宮或遷移宮，又有巨門化祿在命宮，有太陽化權、太陰相照官祿宮，也會有財祿和富貴。

△生於丁年，有巨門化忌、天機化科在命宮，又有擎羊會在夫妻宮或官祿宮，有天同化權在財帛宮，做公務員，事業多競爭，有事業技能，較能有衣食，否則會困頓，一生有起伏。

△生於戊年，有天機化忌、巨門在命宮，有太陰化權、太陽在夫妻宮，有擎羊和武府在子女宮，只是一般常人命格的人，有專業技能稍能平順。一生有成敗起伏。

巨門在寅、申宮為入廟位，是和太陽同宮。陽巨坐命的人，生在庚年、癸年、辛年，是具有財祿和事業運的人。

※陽巨坐命在寅宮，是太陽居旺、巨門居廟。陽巨坐命在申宮是太陽居得地之位、巨門居廟位的命格。

△陽巨坐命的人，生於庚年，有祿存在申宮，會在命宮或遷移宮中，在命宮又有太陽化祿。命格中的『武貪格』中又有武曲化權，只要不逢劫空，便會有極大的偏財運，故可有財富、事業。

△生於癸年，有祿存在子宮，會在夫妻宮或官祿宮，有巨門化權在命宮，但有貪狼化忌在『武貪格』中，偏財運不發，稍有衣食。

△生於辛年，有太陽化權、巨門化祿在命宮，主有權威，有財有事業。

巨門在辰宮、戌宮居陷位獨坐。癸年、辛年生的人主貴。丁年生的人主困頓。

※巨門在辰、戌宮坐命，命宮居陷，對宮遷移宮為天同居平，環境溫和，沒有衝勁。生於癸年，有祿存在子宮，會是在財帛宮或福德宮，又有巨門化權在命宮，有主控權，有說服力，故可主貴。

△生於辛年有巨門化祿在命宮，亦有財祿。有『陽梁昌祿』格的人才會有較平順的事業和人生。

巨門在丑宮、未宮失陷，和天同居陷位同宮。同巨坐命的人，生於癸年、辛年、丙年的人，有財祿、事業。

※同巨坐命的人，生於癸年，有巨門化權在命宮，也有擎羊在丑宮，會在命宮或遷移宮，財帛宮是空宮，官祿宮是天機居平，故命格不算好，會有刑剋，錢財不順。

△同巨坐命生於辛年，有巨門化祿在命宮，有祿存在酉宮，會在財帛宮或福德宮，一生有衣食

之祿較豐裕，為常人命格。

△同巨坐命生於丙年，有天同化祿在命宮，有天機居平化權在官祿宮，有掌實權、職階小的工作，也能得到財祿。

巨門在巳宮、亥宮居旺位，獨坐，此命格的人，生於癸年、辛年，會有財祿、事業。

※巨門坐命巳、亥宮居旺的人，遷移宮是太陽。財帛宮是天機陷落，官祿宮是天同居平。生於癸年有巨門化權在命宮，主貴，事業可有成就，錢財不多。生於辛年有巨門化祿在命宮，有太陽化權在遷移宮，命坐亥宮的人命格最好，事業有成，也能有大財祿。

【原文】

巨門入男命吉凶訣

歌曰　巨門子午二宮逢　局中得遇以為榮　三合化吉科權祿　官高極品衣紫袍

又曰　此星化暗不宜逢　更會凶星愈肆凶　唇齒有傷兼性猛　若然入廟可和平

又曰　巨門守命遇擎羊　鈴火逢之事不祥　為人性急多顛倒　百事茫茫亂主張

【解析】

男子是巨門坐命是吉、是凶

歌云：男子是巨門坐命子、午宮的命格，『命、財、官』三合宮位中有化權、化祿、化科的命格時，是做做極品的大官，具有極高的權力與地位。

又說：巨門星是暗曜，不適宜在命宮，倘若再有凶星同宮或照會，是更凶惡的，其人的嘴唇、牙齒有受傷過，並且個性凶猛。倘若巨門入廟位坐命（在子、午宮）就可以是溫和、平順的人。

※巨門有擎羊、或陀羅同宮的人，嘴唇有傷是指有兔唇，須縫合的情形。這是巨門、擎羊坐命的人容易碰到的。巨門、陀羅坐命的人，會有牙齒、牙齦受傷的情形，或有蛀牙嚴重的情形。

又說：當巨門和擎羊同在命宮時，再有火星、鈴星同宮或相照，都是不吉的事。其人性格急躁，做事顛倒黑白，性情多疑、反覆、拿不定主意。巨、火、羊坐命，或相遇，會有自殺、自縊的狀況，流年不好則遇難。

【原文】

巨門入女命吉凶訣

歌曰　巨門旺地多生吉　左右加臨壽更長　女人得此誠為貴　簾捲珍珠坐綉房

又曰　巨門命陷主淫娼　侍女偏房始免殃　相貌清奇多近寵　不然壽夭主凶亡

【解析】

女子爲巨門坐命是吉、是凶

歌云：女子為巨門居旺坐命，是吉利的。再有左輔、右弼在命宮，其人的壽命更長。女人有此命是吉格，可以過富貴，安逸的生活。

又說：女子為巨門居陷坐命的人會做淫亂的娼妓。要不然就做女侍或妾室、小老婆才能免去做娼妓之災。其人的相貌會清秀、美麗，受到寵愛，要不然就會短命，主凶死。

【原文】

巨門入限吉凶訣

歌曰　巨門主限化權星　最喜求謀大事成　雖有官災並口舌　凶為吉兆得安寧

又曰　巨門入限動人愁　若遇喪門事不周　士庶逢之多惹訟　居官失職或丁憂

又曰　巨門限陷最乖張　無事官非鬧一場　哭泣喪連終不免　破財嘔氣受淒涼

【解析】

巨門在限運中是吉、是凶

歌云：限運中是巨門化權時，具有掌控力和說服力，能擺平很多是非之事，能謀定很多大事，是可成就大事業的運限。雖然依然有官司的事，和口舌上的爭鬥，但仍然為吉象，會平安順利的掌握，最後是可平順安寧過日子的。

又說：巨門在限運中是會使人發愁的，倘若有喪門星同宮入限運，諸事不夠周延。讀書人和一般常人遇到這種運程，多半惹起官非訴訟。做官的人，會失職、犯罪，或是家裡有喪事，父母過世的情況。

又說：巨門居陷的運程最乖違、誇張了，平白無故的有官司之事臨降，大鬧一場。此運中有哭泣的事、喪事，連在一起，無法避免，也會破財、嘔氣、感嘆人生淒涼，運氣不好。

天相星

【原文】

天相水，南斗化印為官祿主。為人相貌敦厚，持重清白，好酒食衣祿豐足。

紫、府、左、右、昌、曲、日、月嘉會，財官雙美位至三公。與武、破、羊、陀同行則為巧藝，更加火、鈴、巨、機則傷刑不善終，天相又能化廉貞之惡。

女命入廟，溫和衣祿遂心。僧道屯吉。

子午宮入廟地，廉貞同，丁、己、癸、甲人財官格。

卯、酉陷宮，乙、辛生人吉，甲庚人主困。
辰、戌宮得地，紫微同，財官格。
丑宮入廟，未宮得地，加吉星財官格。
寅、申入廟，武曲同，丁、甲、庚生人財官格。
巳、亥宮得地，丙、戊、壬生人為福。

【解析】

天相星五行屬水，是南斗星中第二顆星，化氣為『印』。為官祿主。天相坐命的人，其人相貌是敦和、厚重、穩重、身家與性格清清白白的人。他會喜好酒食，注意餐飲享受，是豐衣足食的人生。

天相坐命，有紫微、天府、左輔、右弼、文昌、文曲、太陽、太陰來同宮、對照和三合照守的命格，是財祿與事業都非常好的人，可做政府最高的官位。倘若天相坐命，與武曲、破軍、擎羊、陀羅同宮或在對宮，則會有特殊技能以維生。倘若再有火星、鈴星、巨門、天機來同宮、照合，就會有刑剋、災傷，不能善了，會凶死。

天相星是能化解廉貞星之惡質的星。

女子有天相居廟坐命的人，是性格溫和、衣食之祿充足。即使做尼姑、道士也會吉利。

天相在子、午宮居廟，必與廉相同宮。廉相坐命的人。生於丁年、己年、癸年、甲年的人，有財祿、事業。

※廉相坐命的人，生於丁年，有祿存在午宮，會是在命宮或遷移宮，財帛宮是紫府，官祿宮是武曲居廟，故有財祿、事業。（亦有暴發格）

◎生於己年，有武曲化祿、貪狼化權在『武貪格』暴發運中，為最強之暴發運，也會有祿存在命宮或遷移宮，一生財多，事業成就大。

◎生於癸年，有祿存在子宮，會在命宮或遷移宮。遷移宮中且有破軍化祿，打拼有財運。但『武貪格』中有貪狼化忌為破格不發的情形，故財祿沒有己年生的人多。

◎生於甲年，有祿存在財帛宮或福德宮，有廉貞化祿在命宮，有破軍化權在遷移宮，有武曲化科在官祿宮，命格強勢，有大富貴。

天相在卯、酉宮居陷位，遷移宮有廉破相照。天相坐命的人生於乙年、辛年的人主吉利。生於甲年、庚年的人主困頓。

※天相居陷坐命的人，生於乙年，有祿存在卯宮，會在命宮或遷移宮中，稍有衣食之祿。生於

辛年，有祿存在酉宮，也會在命宮或遷移宮中出現，亦有衣食之祿。生於甲年會有擎羊在卯宮，生於庚年會有擎羊在酉宮，都會在命宮或遷移宮出現，會形成『刑印』的格局，不吉，主一生起伏易困頓，財不順。

天相在辰宮、戌宮居得地之位，是與居得地之位的紫微同宮。紫相坐命的人，財帛宮是武府，官祿宮是廉貞居廟，故是有大財祿和事業的人。壬年生的人有武曲化忌、擎羊在財帛宮的人，會財祿有起伏，但仍有衣食之祿。

天相在丑宮為入廟獨坐，在未宮居得地之位，如再加財星，就有財祿和事業。乙年生有祿存和天府在財帛宮的人，有固定的職業、有財祿。辛年生有祿存在財帛宮的人也有財祿、事業。癸年生有紫微、破軍化祿在財帛宮的人，有衣食之祿。

天相在寅宮、申宮為入廟，會和武曲同宮，武曲是居得地剛合格之位的。武相坐命生於丁年、甲年、庚年的人，有財祿和事業運。

※武相坐命的人，財帛宮是廉府，官祿宮是紫微。生於丁年有祿存在午宮，會在夫妻宮或官祿宮中。生於甲年，有祿存在寅宮，會在命宮或遷移宮出現。遷移宮中有破軍化權，命宮中會有武曲化科，故可有富貴及大事業。生於庚年有祿存在申宮，會在命宮或遷移宮。亦有武曲化權在命宮，主掌政治，財運都非常有主控權，會有大事業、做高官及富貴。

天相在巳宮、亥宮居得地之位，遷移宮是武破。此命格的人，生於丙年、戊年、壬年，有福氣。

※天相坐命巳、亥宮的人，生於丙年，有祿存在巳宮，是在命宮或遷移宮中。生於戊年，也有祿存在命宮或遷移宮中。生於壬年，有祿存在亥宮，也會在命宮或遷移宮中，一生有衣食之祿，主享福。

【原文】

天相入男命吉凶訣

歌曰 天相星辰邁等倫　照守身命喜無垠　為官必主居元宰　三合相逢福不輕

又曰 天相吉星為命主　必定斯人多克己　財官祿主旺家資　權壓當時誰不美

又曰 天相之星破武同　羊陀火鈴更為凶　或作技術經商輩　若在空門享福隆

【解析】

男子爲天相坐命是吉、是凶

歌云：天相這顆星是不一樣的，有天相在命宮、身宮，是可喜的事。做官一定會做掌權的主要位置，不會做副手（因為天相是印星，主掌印信的關係。）即使在命宮的三合宮位中出現，也是非常有福氣的。

又說：當天相為命宮主星時，其人一定是能克制自己、約束自己的人。也一定會有財祿旺、官位高，也會增加家裡的財富。並且手握重權，誰也比不上。

又說：天相星對宮有破軍、武曲相照時（指天相坐亥宮），再有羊陀、火、鈴，出現在對宮或三合照守的宮位就更凶了。可以做技術官僚，或有專業技能過活，或是做商人。若做出家人就更享福了。

【原文】

天相入女命吉凶訣

歌曰　女人之命天相星　性格聰明百事寧　衣祿豐盈財帛足　旺夫貴子顯門庭

又曰　破軍七殺來相會　羊陀火鈴最所忌　孤刑剋害六親無　只可偏房與侍婢

【解析】

女子為天相坐命是吉、是凶

歌云：女子有天相坐命的命格，是性格很聰明、溫和，可平復所有糾紛，諸事安寧的人，並且有豐衣足食，錢財很富足的生活。她可以興旺夫家、夫婿，教育子女成材主貴，亦能使家庭有榮譽顯要。

又說：天相坐命，在三合宮位或對宮有破軍、七殺來相照會時，最忌諱有羊、陀、火、鈴來同宮，或相照守。這是會有刑剋親人的命格，此命格只能做妾室、小老婆，與侍女、奴婢了。

【原文】

天相入限吉凶訣

歌曰　天相之星最主財　照臨二限愁無災　動作謀為皆遂意　優游享福自然來

又曰　天相之星有幾般　三方不喜惡星纏　羊陀空劫重相會　口舌官災禍亦連

又曰　限臨天相遇擎羊　作禍興殃不可當　更有火鈴諸殺湊　須教一命入泉鄉

【解析】

天相入限運是吉、是凶

歌云：有天相運時，財運也最好。在大、小限及流年中有天相運，是不會有災厄的。不論是營謀諸事，或運作一些事情，想要打拚、發展，都是十分吉利，能達成自己心願的，而且還可輕鬆的享福，而福氣是自然產生的。（因為天相也是福星之故）

又說：天相之星有幾種，在三合宮位不能有凶星來照守。有羊、陀、天空、地劫多個煞星同宮、相照，或三合照守，就會接二連三的有口舌是非，有官司上身。

又說：逢天相、擎羊運時，是禍端多、災厄多的時候，擋也擋不住。倘若還有火星、鈴星，好幾個煞星湊合在一起照守。就會一命嗚呼，死亡了。

天梁星

【原文】

天梁屬土，南斗化蔭，主壽星。厚重清秀、聰明耿直、心無私曲、好施濟、有壽。與天機同行，居翰苑善談兵。

左、右、昌、曲墓會，則出將入相。要入廟方富貴，陷地遇火、羊、破軍則下賤孤寡、夭折。逢天機、耗、殺清閑僧道。※註①。受制誥六壬生人，亥、卯、未上安命者，富貴雙全。※註②。

女命有男子志，入廟富貴，陷地加殺傷剋夫子又賤淫。

子、午宮入廟，丁、己、癸生人福厚財格。

卯宮入廟，酉宮得地，太陽同，乙、壬、辛生人財官格。

寅宮入廟，申宮陷地，天同同，丁、己、甲、庚生人財官格。

辰、戌宮入廟，天機同，丁、己、壬、庚生人財官格。

丑、未宮居旺，壬、乙生人財官格，六戊生人大貴。

【解析】

天梁五行屬土，是南斗第三顆星，化氣為蔭，為主壽命長壽之星。

天梁坐命的人，外表敦厚穩重，長相清秀、頭腦聰明、性情耿直、內心沒有私心，曲意護短或偏心。喜好布施、救濟別人，壽命很長。

天梁與天機同宮坐命的人，可居於最高學術機構來做提供國策或做與敵人在戰略上鬥智的建議，是很好的軍師人材。再有左輔、右弼、文昌、文曲同宮或相會，就會做將軍或做宰相（現今行政院長一職）。天梁一定要居廟位才會有財富和貴位。天梁居陷地再有火星、擎羊、破軍同宮或在三合宮位照守則會為人低賤、孤獨、鰥寡，有早夭的現象。倘若天梁與天機、破軍、七殺相逢，會是做和尚、道士，享受清閒生活的人。

壬年生的人，又是天梁坐命在亥宮（天梁居陷坐命）、卯宮（陽梁坐命）、未宮（天梁居旺坐命）的命格，是具有富有、事業上有地位，雙重好運的命格。

女子為天梁坐命的人，有大丈夫的氣概與志向。也是天梁居廟坐命的人，有富貴。天梁居陷坐命，再加煞星的命格，是刑傷丈夫、兒子、又低賤、好淫慾的命格。

※註①：天梁居陷位時，只是在巳、亥宮和申宮，這三個宮位都不會和擎羊同宮，只可能在三合宮位相遇，並且破軍星始終是在任何一位天梁坐命者的僕役宮，因此無法同宮、相照、三合相遇，也不會在天梁坐命者的身宮出現，故此句有問題。

◎『天梁逢天機、耗、殺為清閒僧道』一句，實指機梁坐命者，有地劫、天空在命宮或遷移宮時會為清閒無為之和尚、道士。地劫、天空為煞星，亦是耗殺之星，故此句並不是真的和耗星（破軍）、七殺同宮或照守。

※註②：壬年生的人有祿存在亥宮，有天梁化祿在命宮，故坐命在亥宮，本命是天梁居陷有祿存在命宮的人，命中稍有財，但並不一定主貴，一定要有『陽梁昌祿』格齊全的人才會主貴。

◎天梁在卯宮，是陽梁坐命的人，有太陽居廟、太梁居廟化祿在命宮，有祿存、太陰居廟在財帛宮，此人很容易形成『陽梁昌祿』格，一定會主貴，富貴雙全。

◎天梁坐命未宮為獨坐居旺，遷移宮是天機居陷。壬年生的人，命宮是天梁居旺化祿，官祿宮有祿存、太陽陷落，會做公職，職位中等不高，但薪水多，為高薪。

天梁在子宮、午宮為居廟位。此命格的人，生於丁年、己年、癸年的人，福份厚，多財富。

※天梁坐命子、午宮居廟位的人，生於丁年，有祿存在午宮，會在命宮或遷移宮中出現，財帛

宮會有天機化科、太陰化祿，官祿宮會有天同化權，『科、權、祿』會在『命、財、官』之中，故一生有大成就，有富有貴位之官品。

◎生於己年，有祿存在午宮，會在命宮或遷移宮，亦有天梁化科在命宮，其人有文雅的氣質，走文學、學術方面有名聲地位與財祿。

◎生於癸年，有祿存在子宮，會在命宮或遷移宮，稍有財祿。

天梁在卯宮廟位，在酉宮居得地之位，是與太陽同宮。陽梁坐命的人，在卯宮，太陽也是居廟位的，一生有很好的官運和財運。在酉宮，太陽居平位，一生較不得志，為飄泊、卜算、閒雲野鶴之人。陽梁坐命者，生於乙年、壬年、辛年的命格，有財祿和事業運。

※陽梁坐命生於乙年，有祿存在卯宮，會在命宮或遷移宮中，又有天梁化權在命宮，具有財富和官貴。有『陽梁昌祿』格的人，一定主貴命。

◎生於壬年，有祿存在亥宮，會在其人的財帛宮或福德宮，有天梁化祿在命宮，故主富多，也會形成『陽梁昌祿』格，會主貴。

◎生於辛年，有祿存在酉宮，有太陽化權、天梁在命宮，在卯宮者有大富貴。在酉宮者主富多於貴。

天梁在寅宮為居廟位，在申宮居陷地，有天同同宮。同梁坐命的人，生於丁年、己年、甲年、庚年的人有財祿和事業運。

※同梁坐命寅宮的命格是天同居平、天梁居廟，這是勢碌肯打拚又有貴人運的人，同梁坐命申宮的命格是天同居旺、天梁居陷，這是較懶惰、愛享福，又沒有貴人運的命格。

◎同梁坐命生於丁年，有祿存在午宮，會在官祿宮或夫妻宮，命宮中有天同化權，財帛宮中有太陰化祿，官祿宮中有天機化科，『科、權、祿』全在『命、財、官』之中，故一定有出息，有富貴。

◎生於己年，有祿存在午宮，會在官祿宮或夫妻宮，命宮有天梁化科，其人文雅，有能力，在事業上有發展。

◎生於甲年，有祿存在寅宮，會在命宮或遷移宮中，會有太陽化忌在福德宮，稍有財祿。

◎生於庚年，有祿存在申宮，會在命宮或遷移宮，也會有天同化科在命宮，有太陰化忌在財帛宮，有太陽化祿在福德宮。有福祿，但手邊運用的錢財常有是非困擾。

天梁在辰宮、戌宮居廟，是與居平的天機同宮。機梁坐命的人，生於丁年、己年、壬年、庚年的人，有財祿和事業運。

※機梁坐命生於丁年，有祿存在午宮，是在福德宮或財帛宮。有天機化科在命宮，有天同化權、太陰化祿在財帛宮，官祿宮是空宮，因此其人以賺錢主富為主。（有暴發運）

◎生於己年，有祿存在午宮，會在福德宮或財帛宮，有天梁化科在命宮，命格中的『武貪格』暴發運格中有武曲化祿、貪狼化權，只要沒有地劫、天空同宮或相照，就有極強勢的暴發運，一生的成就很大。有大富貴。

◎生於壬年，有天梁化祿在命宮，有擎羊在財帛宮或福德宮，只有衣食之祿，不富有，為薪水族之人。

◎生於庚年，有祿存在申宮，會在官祿宮或在福德宮。有天同化科、太陰化忌在財帛宮，有工作就有財，為一般常人命格，薪水族之人。不富有。

天梁在丑宮、未宮為居旺，對宮有居陷的天機星。天梁坐命丑、未宮的人，生於壬年、乙年的人，有財祿、事業，生於戊年的人主大貴。

※天梁坐命丑、未宮的命格，生於壬年有天梁化祿在命宮。有祿存在亥宮，會在官祿宮或夫妻宮，主在事業上有財祿，有『陽梁昌祿』格的人，主貴，做政府公務員，事業運好。

◎生於乙年，有天梁化權在命宮，遷移宮是天機居陷化祿，又有祿存在財帛宮或福德宮，故富貴全有。

◎生於戊年，有祿存在宮祿宮或夫妻宮，有太陰化權在財帛宮，有天機陷落化忌在遷移宮。坐命丑宮者，官祿宮有太陽居旺及祿存，是真正具有大富貴的人，但一生有起落。

（六戊年是指戊子年、戊寅年、戊辰年、戊午年、戊甲年、戊戌年）。

【原文】

天梁入男命、女命吉凶訣

歌曰　天梁之曜數中強　形神穩重性溫良　左右曲昌來會合　管教富貴列朝綱

又曰　天梁星宿壽星逢　機日文昌左右同　子午寅申為入廟　官資清顯至三公
又曰　天梁遇火落閑宮　陀殺重逢更是凶　孤刑帶疾破家財　空門技藝可營工
又曰　辰戌機梁非小補　破軍卯酉不為良　女人得此為孤獨　剋子刑夫守冷房

【解析】

男子及女子爲天梁坐命是吉、是凶

歌云：天梁這顆星是斗數中最好、最強勢的一顆星。男子為天梁坐命的人，有溫和、善良、穩重的外型與神韻。若再有左輔、右弼、文昌、文曲來同宮、相照守的命格，以命坐子宮、午宮、寅宮居廟位的宮位坐命的人，會有清高貴顯的官位，可做到政府首長級的人物。

※天梁在申宮居陷，是與居旺的天同同宮，故原文有錯。同梁坐命申宮，若有文昌在辰宮出現，就有『陽梁昌祿』格，也會有事業和衣食之祿。

又說：天梁和火星同宮坐命就算是落入閒宮，不好了。若再有陀羅和其他煞星就更是命差了。主其人有孤獨刑剋，身體有疾病，而且破耗家財，家裡會窮。若是做和尚、道士，或是有特殊技能去做生意，或做工人，就有衣食溫飽。

又說：命宮在辰、戌宮，有天機、天梁在命宮的，命格算不差的，但會有破軍星在卯、酉宮（指僕役宮為廉破）不太好，女人有此命格是孤獨命格，（朋友運不佳，與人寡和，多有是非爭執，家運也不會好），會刑剋丈夫和兒子，也會獨守空閨，沒人搭理。

【原文】

天梁入限吉凶訣

歌曰　天梁化蔭吉星和　二限逢之福必多　若加吉曜逢廟地　貴極一品輔山河

又曰　限至天梁最是良　猶如秋菊吐馨香　加官進職迎新祿　常庶逢之也足糧

又曰　天梁守限壽延長　作事求謀更吉昌　若遇火鈴羊陀合　須防一厄興家亡

【解析】

天梁在限運中是吉、是凶

歌云：有天梁這顆化蔭星和吉星同宮在大、小限及流年之中逢到，一定是福氣很雄厚的，倘若又有吉星和天梁居廟同宮在限運中，一定會做政府中一品官員，輔助當政者來管理國家政事。

又說：大、小限運及流年到天梁運最好了，就像秋天之菊花盛開展露芬芳一般。會有升官、加薪的吉事。就算是平常人逢天梁運，也會有豐足之衣食。

又說：有天梁在限運中，壽命會增加。想做事找工作，或發展事業、擴大事業，都是會成功的。（因為天梁運中有貴人運）倘若有火星、鈴星、陀羅來同宮、相照或三合照守，就要防到有災厄發生或有家庭遭難崩離的現象。

七殺星

【原文】

七殺火金南斗將星，遇帝為權，餘宮皆殺。目大、性急不常、喜怒不一、作事進退沈吟。廟旺有謀略，遇紫微掌生殺之權，武職最利。

加左、右、昌、曲、魁、鉞會合，位至極品，落空亡無威力。遇凶曜於生鄉定為屠宰，會刑、囚傷剋。

安命寅、亥、子、午宮，丁、己生人合局。辰宮六庚人吉。若坐子、午、寅、申，卻不喜壬、庚、午、戊，六丙、六戊中平，羊、陀、火、鈴沖會又在陷地，殘疾下局，雖富貴不久。

女人入廟，加權、祿，旺夫益子。陷地遇羊、火，則傷剋下賤。

子、午宮旺地，丁、己、甲生人財官格。

卯、酉宮旺地，武曲同，乙、辛生人福厚財官格。

寅、申宮入廟，甲、庚、丁、己人財官格。

巳、亥宮和平，紫微同，丙、戊、壬生人福厚。

辰、戌宮入廟，加吉星財官格。

丑、未入廟，廉貞同，加吉星財官格。

【解析】

七殺五行屬火金，是南斗第六顆星，為將星。遇帝座紫微，即化殺為權，代表權力，但在其他的宮位，或與其他的星同宮，都算是殺星、煞星。

七殺坐命的人，眼睛大、性急，性格反覆無常，喜怒也無常。做事也是反反覆覆要想很久才能做決定。七殺居廟位（在寅宮、申宮、辰宮、戌宮）坐命的人有謀略、智慧高。命宮中有紫殺坐命的人，會掌權勢主生殺。因此做軍警武職是最好的了。

七殺加左輔、右弼、文昌、文曲、天魁、天鉞（六吉星）同宮或相照或三合照守命宮的人，會地位高到做政府首長。七殺和天空、地劫、空亡同宮，則沒有威力與財祿了。

七殺和凶星（羊、陀、火、鈴）在命宮或身宮時，會為屠宰業之人。七殺與擎羊、廉貞同宮，即是『廉殺羊』的格局，主有刑剋、傷亡之事。

七殺坐命在寅宮、亥宮、子宮、午宮的人，生於丁年、己年的人，為上等格局。坐命辰宮的人，庚年生的人，會吉利。倘若七殺坐命在子宮、午宮、寅宮、申宮，最好不要是壬年、庚年、午年、戊年生的人。倘若是丙年、戊年生的人，命格為中等居平的命格。倘若有羊、陀、火、鈴相沖又居陷位的人，會有身體殘障、疾病的命格，就是下局之命。縱使有富貴也不長久，終究是貧窮的。

女子七殺居廟坐命，同宮或對宮有化權、化祿的人，會與旺夫婿，有利子孫。

七殺居陷地（七殺不會居陷，只會居平，但居平時會和紫微同宮），再遇擎羊、火星，主其人帶刑剋，六親不全，且陰險、下賤。（此句中因七殺不全居陷，故只要七殺和羊、火同宮或對照即有傷剋、下賤之象了。）

七殺在子宮、午宮為居旺，此命格的人生於丁年、己年、甲年的人，有財祿和事業運。

※七殺坐命子、午宮的人，生於丁年，有祿存在午宮，會在命宮或遷移宮中。

◎生於己年，也有祿存會在命宮或遷移宮中。而遷移宮中又有武曲化祿、天府，財帛宮有貪狼化權，非常好命，富貴皆大。

◎生於甲年，有祿存在寅宮，會在財帛宮或福德宮中，而遷移宮有武曲化科、天府。官祿宮中有破軍化權，事業會做得很大，財祿豐盛。

七殺在卯宮、酉宮居旺，會和居平的武曲同宮。武殺同宮是『因財被劫』的格式。武殺坐命的人，只有乙年、辛年生的人，福份較厚，稍有財祿和事業運。

※武殺坐命，生於乙年，有祿存在卯宮，會在命宮或遷移宮中，有紫微化科、破軍在官祿宮，有天機化祿在田宅宮，稍有衣食之祿。生於辛年，有祿存在酉宮，會在命宮或遷移宮中，有衣食。

七殺坐命寅宮、申宮為居廟獨坐，對宮是紫府，一生主富，環境好，地位高。生於甲年、庚年、丁年、己年的人，財祿最豐，能出將入相。

※七殺坐命寅宮、申宮的人，生於甲年，有祿存在寅宮，會在命宮或遷移宮，夫妻宮有廉貞化祿，官祿宮有破軍化權，福德宮有武曲化科，一生主富貴，有大事業和大財祿。

◎生於庚年，有祿存在申宮，會在命宮或遷移宮中，有武曲化權在福德宮，有太陽化祿在田宅宮，故一生主富較多。

◎生於丁年，有祿存在午宮，會在官祿宮或夫妻宮中，會因事業帶來財祿。

◎生於己年，有祿存在官祿宮或夫妻宮，有貪狼化權在財帛宮，有武曲化祿在福德宮，故有『武貪格』暴發運，且是最強的暴發運格，一生財多官大。

七殺在巳宮、亥宮居平，必和紫微同宮。紫殺坐命生於丙年、戊年、壬年的人，主福厚。

※紫殺坐命，生於丙年，有祿存在巳宮，會在命宮或遷移宮中，有廉貞化忌、破軍在官祿宮，有衣食，但工作上運不佳，有官非毀譽之事。

◎生於戊年，有祿存在命宮或遷移宮，有貪狼化祿、武曲在財帛宮，而且有很好的『武貪格』暴發運格，只要不遇劫空，財運、事業運就會暴發的很大，為多財之人。

◎生於壬年，命宮中有紫微化權、七殺。有祿存在亥宮，也會在命宮或遷移宮中，但有武曲化忌、貪狼在財帛宮，錢財仍有是非困擾不順之事，而且『武貪格』暴發運格為不發的狀況，一生權勢大，金錢上多是非。

七殺在辰宮、戌宮居廟獨坐，對宮相照的是廉府。有吉星（六吉星）同宮或相照，會有財祿和事業，庚年生的人最吉。

※七殺坐命辰、戌宮，生於庚年，有祿存在申宮，會在官祿宮或夫妻宮，有武曲化權、天相在夫妻宮，會相照官祿宮，因此較吉。

不過甲年、己年生的人，命格也不錯。例如：甲年的人，有祿存在寅宮，會在官祿宮或夫妻宮，有廉貞化祿、天府在遷移宮，有破軍化權在官祿宮，有武曲化科、天相在夫妻宮，一生打拚、事業佳、有財祿。

生於己年，有祿存在財帛宮或福德宮，財帛宮又有貪狼化權。夫妻宮有武曲化祿、天相。配偶會帶來財運，自己一生的財運好，主大富。事業也會地位高。

七殺在丑宮、未宮為入廟位，必與廉貞同宮，再有吉星同宮、相照、三合照守，必會有財祿、事業運。

※廉殺坐命的人，最好有文昌、文曲、左輔、右弼、天魁，天鉞等六吉星同宮，為人就會斯文，且容易形成『陽梁昌祿』格，做公職、司法官、律師、醫生，都非常好，會有財祿、地位高。生於甲年有廉貞化祿在命宮，有武曲化科、破軍化權在官祿宮，是很好的命格。有『權、祿、科』在『命、財、官』之中，會有大出息，有事業運和財祿。生於己年有貪狼化權、紫微在財帛宮，有武曲化祿、破軍在官祿宮的人，也會有錢財和事業上的好運。

【原文】

七殺入男命吉凶訣

歌曰　七殺寅申子午宮　四夷拱手服英雄　魁鉞左右文昌會　科祿名高食萬鍾

又曰　殺居陷地不堪言　凶禍猶如伴虎眠　若是殺強無制伏　少年惡死在黃泉

又曰　七殺坐命落閑宮　巨宿羊陀更照沖　若不傷肢必損骨　空門僧道可興隆

【解析】

男子爲七殺坐命是吉、是凶

歌云：男子坐命在寅宮、申宮、子宮、午宮的人，是英雄將領人物，會讓四周鄰國的蠻夷之邦來拱手稱臣。命格中再有天魁、天鉞、左輔、右弼、文昌來同宮、相照、三合照守相會的，命格中再有『科、權、祿』的人是名氣高，而且有財富、官位的人。

又說：七殺居陷地坐命是不要講了！其凶災禍事之多、之大，猶如陪伴在老虎身旁睡覺一般，非常驚恐難眠。倘若是煞星太強，沒有制服的星來壓制，年紀輕輕的就會死了。

又說：七殺居陷坐命，就是命落閑宮了，再有巨門、擎羊、陀羅來相沖照會，倘若沒有肢體傷殘，就會骨折。此命格的人做僧人、和尚、道士，可有高名和高位。

※七殺星並無真正的落陷，最低的層次，便是與紫微同宮在巳、亥宮居平。因為有紫微星同宮，所以命格就不會太差了。

◎最後一則講的是『七殺落閑宮』就指的是七殺坐命的人，再有羊、陀、巨門沖照，沒有傷殘的人，會做和尚、道士。佛光山星雲法師便是此命格的人為此例。

【原文】

七殺入女命吉凶訣

歌曰　女命愁逢七殺星　平生作事果聰明　氣高志大無男女　不免刑夫歷苦辛

又曰　七殺孤星貪宿逢　火陀湊合非為貴　女人得此性不良　只好偏房為使婢

【解析】

女子爲七殺坐命是吉、是凶之歌訣

歌云：女子命格最怕逢到七殺坐命。女子為七殺坐命的人，一生做事都是聰明、果斷的，而且是志氣高，想做大事，但生子較難。總是有刑剋夫婿，一生歷盡辛苦才會成功。

※七殺坐命的女子，夫妻宮都有一顆天相星，夫妻和樂、相處愉快，說到刑夫，便沒有根據了。顯然她們會是性格剛強的人，但夫婿都溫和懂事，故夫妻相處和諧，可白首。

七殺坐命的人之子女宮都不好，都有一顆巨門星，無論男女都是生子較困難。而且有些是生了子女，教養上不好教。現今科學發達，欲生子女者，用試管嬰兒的方式也可得子。在教養上託付配偶管教也可以教養出好子女。故這不是一定的定律。

【原文】

七殺入限吉凶訣

歌曰　二限雖然逢七殺　從容和緩家道發　對宮天府正來朝　仕宦逢之名顯達

又曰　七殺之星主啾唧　作事艱難俱有失　更加惡曜在限中　主有官災多病疾

【解析】

七殺在限運中是吉、是凶

歌云：大、小限和流年雖然逢的是七殺運，但可以穩重平和，從從容容的過日子，家道也會興盛。因為對宮有天府星來相照的關係。並且有官位在做官的人逢到七殺運，是會揚名、發達的。

又說：七殺在限運中有不好的狀況，會反覆無常，做事有一些艱困，也會有小失、小過錯。倘若再有惡星在運限中，就會有官司纏身和多疾病的狀況了。

※七殺這顆星有緩慢、愚笨，只會埋頭苦幹，不夠聰明、靈活的色彩。常常是做得多，但吃力

而不討好。而且在七殺運中，人會以最吃力、吃重的方法來做事，不會拐彎，也不會運用靈活的變通方法，故是非常勞累。又沒有顧及周邊的人際關係，和前因後果，做事難免有失漏，遭到責罵和非議。倘若再有羊、陀、火、鈴與七殺同宮的運限，問題就更多了，會遭惹是非、打官司、生病等不吉的情形發生了。

破軍星

【原文】

破軍水北斗化耗星，主妻子、奴僕。形五短、背厚、眉寬、腰斜、性剛、寡合爭強，棄祖發福，好搏禽捕獵。

喜紫微有威權，天梁、天府能制其惡，文曲一生貧士，更入水鄉殘疾，雖富不久夭折。

六癸、甲生人，坐子、午宮者位至三公，若丙、戊、寅、申生人，坐子、午則孤單殘疾，雖富貴不久夭折。

丙戊生人，坐辰、戌、丑、未，紫微同垣富貴不小，遇廉貞、羊、陀、火、鈴於陷宮，爭鬥疾病，僧道宜之。

女人子、午入廟，有疾病，陷地加殺，下賤淫慾。

子、午宮入廟，丁、己、癸生人福厚，丙戊人主困。

卯、酉宮陷地，廉貞同，乙、辛、癸生人利，甲、庚、丙人不耐久。

辰、戌旺宮，甲、癸生人為福。

寅、申宮得地，甲、庚、丁、己生人財官格。

丑、未宮旺地，紫微同，丙、戊、乙生人財官格。

巳、亥和平，武曲同，戊生人福厚。

【解析】

破軍五行屬水，是北斗第七顆星，化氣為『耗』，是耗星，主管妻子、奴婢、僕人的星宿。

破軍居旺坐命的人，有五短的身材，背部很厚。命格居陷的人會很高。他們都有眉毛寬、腰和肩斜，性格剛強，與人不合，喜歡爭強鬥狠，離開家鄉生活會有福氣。此人喜好玩陰險狡詐的遊戲，去做獵人，把很多事當做獵物來攫取。

有紫微同宮坐命為紫破坐命的人，有權威。天梁和天府能制破軍之惡性。破軍和文曲同宮坐命的人，為一生貧窮的人。倘若又坐命在亥、子、丑宮，有殘疾，就是有財祿也會夭折死亡。

癸年生、甲年生，又坐命在子宮、午宮的破軍坐命者，會有破軍化祿、破軍化權在命宮，地位可達到國家最高的行政首長之職。倘若丙年、戊年、寅年、申年生的人，命坐子宮、午宮會有殘疾、孤寡的現象。是富貴不耐久，會早死、夭折的。（有羊、陀、火、鈴在命宮的關係）

丙年、戊年生的人，又坐命在辰宮、戌宮、丑宮、未宮的人，若有紫微在對宮相照，或同宮，就是有富貴的人。倘若破軍遇廉、羊、陀、火、鈴在陷宮，（指廉破坐命在卯、酉宮，又加陷落的擎羊、火、鈴等星。陀羅不會出現在卯、酉宮，上述這些星會是居陷位的。）這種命格就是一生好爭、好鬥，身體帶有疾病的人，是適合做僧人、道士的命格了。

女子為破軍坐命在子宮、午宮時，會有疾病。女子破軍坐命居陷，再有煞星同宮時，會下賤，多淫慾。

破軍在子、午宮居廟位。此命格的人生於丁年、己年、癸年的人福份厚。生於丙年、戊年的人，主困頓。

※破軍坐命子、午宮，生於丁年，有祿存在午宮，會在命宮或遷移宮中。生於己年，也會有祿存在命宮或遷移宮中，官祿宮有貪狼化權，夫妻宮有武曲化祿，會形成最強勢的『武貪格』暴發運格。一生的事業成就、財富都很大。

◎生於癸年，有破軍化祿在命宮，有祿存在子宮，會在命宮或遷移宮，主富。

◎生於丙年，會有廉貞化忌、天相在遷移宮，多官非爭鬥，又有擎羊會在命宮或遷移宮中，境遇不好，難發展，主困頓。

◎生於戊年，也會有擎羊在命宮或遷移宮中，有天機化忌在兄弟宮，兄弟反背，多是非口舌，僕役宮又是巨門，一生在外多制肘不順，也主困頓。

破軍坐命卯宮、酉宮為居陷地，是與廉貞同宮。廉破坐命的人生於乙年、辛年、癸年的人，有財利，主吉。生於甲年、庚年、丙年的人，有財也不常久，多破耗不吉。

※廉破坐命的人，生於乙年，有祿存在卯宮，會在命宮或遷移宮，命中或環境中多財。生於辛年，有祿存在酉宮，也會在命宮或遷移宮中。生於癸年，有破軍化祿在命宮，有祿存在田宅宮或子女宮，家中有財祿亦不錯。

◎生於甲年有廉貞化祿、破軍化權在命宮，官祿宮有武曲化科、貪狼，『命、官』二宮有『祿、權、科』，可為貴命，但一生破耗多，錢財不易留存。

◎生於庚年，有武曲化權、貪狼在官祿宮，亦可掌握錢財或政治，其暴發運格『武貪格』為強勢暴發力，事業上有大成就，但有成敗，會暴起暴落。

◎生於丙年，命宮中有廉貞化忌、破軍，財帛宮或福德宮有祿存，有財祿，但思想怪異，而遭災，有官非之禍。

破軍坐命辰宮、戌宮為居旺。此種命格的人，生於甲年、癸年的人有福氣。

※破軍坐命辰、戌宮，遷移宮是紫微、天相。生於甲年，破軍化權在命宮，有祿存在寅宮，會在夫妻宮或官祿宮，而且夫妻宮有廉貞化祿。有武曲化科、天府在福德宮。此命格的人，為強勢命格，會有事業運，亦有財祿。

◎生於癸年，有破軍化祿在命宮。有祿存在子宮，會在財帛宮或福德宮，可是官祿宮有貪狼化忌為不美。主有財祿，但事業上有波折起伏。

破軍在寅宮、申宮為得地之位。此命格的人，生於甲年、庚年、丁年、己年的人，有財祿和事業運。

※破軍坐命寅、申宮的人，生於甲年，有祿存在寅宮，會在命宮或遷移宮中，亦有破軍化權在命宮，遷移宮中有武曲化科、天相。福德宮中為廉貞化祿、天府，為性格強，有財祿、生活

環境好的人。

◎生於庚年，有祿存會在命宮和遷移宮，又有武曲化權、天相在遷移宮，生活的環境較富裕。會有事業。

◎生於丁年，有祿存在午宮，會在官祿宮或夫妻宮中，但朋友宮很不好，有天同化權、巨門化忌，朋友、屬下多外表溫和，卻易引起是非爭執的人。命格不算強勢，有衣食之祿。

◎生於己年，有祿存在午宮，會在官祿宮或夫妻宮中，遷移宮中有武曲化祿、天相。官祿宮中有貪狼化權，因此財祿較多，事業較有成就。

破軍在丑、未宮居旺位，是與紫微同宮。紫破坐命的人，生於丙年、戊年、乙年的人，有財祿和事業運。

※紫破坐命生於丙年，有祿存會在官祿宮或夫妻宮，但官祿宮也會有廉貞化忌和貪狼陷落，故事業上可得財利，但有毀譽、官非，職位低。

◎生於戊年，有祿存在官祿宮或夫妻宮。有貪狼居陷化祿、廉貞陷落在官祿宮，故其人為職位低，但有財祿之人。

◎生於乙年，有祿存在卯宮，會在財帛宮或福德宮，其人命宮會有紫微化科。其人會是一個外表斯文、氣質好，稍有財祿之人。

破軍在巳宮、亥宮居平位，必與居平的武曲同宮。武破坐命的人，生於戊年福份厚。

※武破坐命生於戊年，有祿存在巳宮，會在命宮或遷移宮中，又有貪狼化祿、紫微在官祿宮。有固定的職業，會帶來財祿，主有福。

【原文】

破軍入男命吉凶訣

歌曰　破軍七殺與貪狼　入廟英雄不可當　關羽命逢為上將　庶人富足置田庄

又曰　破軍子午會文昌　左右雙雙入廟廊　財帛豐盈多慷慨　祿官昭著佐君王

又曰　破軍一曜最難當　化祿科權喜異常　若還陷地仍加殺　破祖離宗出遠鄉

又曰　破軍不喜在身宮　廉貞火羊陀會凶　不見傷殘的壽夭　只宜僧道度平生

【解析】

男子爲破軍坐命是吉、是凶

歌云：男子為破軍坐命，財官二位是七殺和貪狼星，三顆星都居廟位的命格，是英雄命格，銳不可當。關羽（關公）有此命格，做了大將軍。平常人有此命格，也會財富豐足，買房地產。

又說：有破軍坐命在子、午宮，三合宮位有文昌星相會，又有左輔、右弼同宮、相照或三合照守的命格，是一定會做政府高官，有大財祿，而且心地慷慨不小氣的人，財祿和事業都是第一流的，會輔佐主政者做管理政務的工作。

※破軍即使在子、午宮廟位遇文昌同宮或相照，皆主清高，窮困，或為寒儒。故破軍不可與文昌同度相遇。但可在三合宮位相遇無妨。

又說：破軍這顆星最難以明瞭了，有化祿、化權跟隨，也是有些異於常人的地方。倘若破軍在陷位還加煞星同宮或相照，一定是六親無靠，會改姓，或遠離家鄉、出外打拚的人。

又說：為人者不喜歡有破軍在身宮，（命宮有『殺、破、狼』命格的人較會遇到有破軍在身宮的情形。）再有廉貞、火星、擎羊、陀羅相照會或同宮，不是身體有受傷、殘廢，就是會壽短早夭。此命格只適合做和尚、道士來過一生。

※人之身宮必落在命宮、財帛宮、夫妻宮、官祿宮、福德宮、遷移宮等六個宮位，是1、3、5、7、9、11等六個宮位。因此只要有破軍在上述六個宮位中出現，又同時是身宮的人，就要小心了。再有廉、火、羊、陀在身宮，或照守身宮的人，就會有刑傷、殘疾、壽夭的情

形。

【原文】

破軍入女命吉凶訣

歌曰　破軍子午為入廟　女命逢之福壽昌　性格有能偏出眾　旺夫益子姓名香

又曰　破軍女命不宜逢　擎羊加陷便為凶　剋害良人非一次　須教悲哭度朝昏

【解析】

女子為破軍坐命是吉、是凶

歌云：女子為破軍居廟坐命在子、午宮的人，會有福氣、壽長、旺運。其人性格強悍，才能出眾，有大丈夫氣慨，可以有幫夫運，也能有益子女，會有名聲成就。

又說：女子為破軍居陷坐命是不好的，再加擎羊，就更凶了，此命格會刑剋丈夫，並不是只有一次，再嫁仍會剋夫，一定會有終日傷心難過的日子的。（此指廉破加擎羊坐命的女子）

【原文】

破軍入限吉凶訣

歌曰　破軍入限要推詳　廟地方知福祿昌　更遇文昌同魁鉞　限臨此地極風光

又曰　破軍入限要推詳　廟地無凶少損傷　殺湊破軍防破耗　更防妻子自身亡

又曰　破軍主限多濃血　失脫乖張不可說　更值女人主孝服　血光產難災殃節

【解析】

破軍在限運中是吉、是凶

歌云：當破軍進入限運時，要細心的推算吉凶。破軍一定要居廟位在子、午宮，才會有福氣、財祿。在三合宮位中再遇到文昌、天魁、天鉞，逢此限運時，有風光的事情，會升官或買房地產。

又說：當破軍在限運中要推算清楚，在破軍居廟位時，是沒有凶厄之災害，也少消耗損失的。有煞星來和破軍同宮或相照，或三合照守的限運，就要防範破耗了。更要防止妻子會自殺身亡。

又說：人在破軍運中會遭血光之災。情況變化無法掌握，有很多事卻是說不定的。在女人方面，主有喪事要穿孝服。倘若生子也會遇到難產要開刀的情形。

文昌星

【原文】

文昌金南北斗乃文魁星，眉目清秀分明，機巧多學多能。會陽、梁、祿存財官昭著、富貴先難後易。陷地加羊、火巧藝之人。陷地獨守加殺、擎羊、陀、鈴帶疾亦能延壽。旺有暗痣、陷有斑痕。

女命入廟平常，加吉曜富貴。陷地遇火，羊、巨、機、殺、忌則下賤淫娼使婢。

寅、午、戌宮陷地，丁、己、甲、庚生人財官格。

申、子、辰宮得地，庚、甲生人貴格。

巳、酉、丑宮入廟，乙、戊、辛生人大貴。
亥、卯、未宮利益，乙、戊生人財官格。

【解析】

文昌星五行屬金，是南斗第五顆星，也是文魁星。

文昌坐的人，是長相清秀，眉清目明的人。性情機智伶巧，喜歡學習，很能幹。命格中有太陽、天梁、祿存來相會照的命格是『陽梁昌祿』格，會有明顯的財祿和官職。其人能得到富貴的程序是起先很辛苦打拚，後來才能有財祿享福。（文昌坐命的人，三十五歲以後才會發福。之前會有起落不順。）

文昌居陷地坐命，再加擎羊、火星同宮的人，是具有特殊技能維生的人。

文昌居陷獨坐命宮，再有殺星（煞星）、擎羊、陀羅、鈴星，是身體有疾病，但是也能延長壽命、不會早夭的人。

文昌居旺坐命的人，臉上、身上會有顏色深暗的痣。

文昌居陷坐命的人，臉上、身上會有斑點（雀斑）或斑痕（大的黑斑），或是有胎記。

女子為文昌居廟坐命的人，是常人的命格。再有吉星同宮或相照的人，會有富貴人生。女子為文昌居陷地坐命，再有火星、擎羊、巨門、天機、七殺、化忌來同宮或相照守的命格，則主下賤，較淫，會做娼妓、婢女、下人的命格了。

文昌在寅宮、午宮、戌宮為居陷地。此命格的人，生於丁年、己年、甲年、庚年的人，有財祿和事業運。

※文昌坐命，都算是空宮坐命，必須兼看對宮的星曜來論命。

※文昌獨坐寅宮為命宮的人，有三種命理格局，一種是有機陰相照的命格，一種是有同梁相照的命格，一種是有陽巨坐命的命格。

◎文昌坐命寅宮，有機陰相照的命格，生於丁年，會有祿存、太陽在官祿宮。遷移宮有天機化科、太陰居平化祿。有巨門居陷在財帛宮。有衣食之祿。生於己年，有祿存在官祿宮，事業較發達，有衣食之祿。生於甲年有祿存在命宮。生於庚年，有祿存在遷移宮，都有衣食之祿。

◎文昌坐命寅宮，有同梁相照的人，生於丁年有祿存和巨門居旺化忌，在官祿宮，福德宮有太陰化祿，故有衣食之祿。生於己年，有祿存在官祿宮，有廉貞、貪狼化權、陀羅在田宅宮，有『廉貪陀』、『風流彩杖』格，好淫慾。有衣食之祿。生於甲年，有祿存、文昌在命宮，有衣食之祿。生於庚年，有祿存在遷移宮，有太陽居陷化祿在財帛宮，有衣食之祿。

◎文昌坐命寅宮，有陽巨相照的人。生於丁年，有祿存在官祿宮，並且官祿宮有天同居陷化權、太陰居平化祿。遷移宮中有巨門化忌，有衣食之祿。生於乙年，有祿存和太陰居平化權、天同在官祿宮，財帛宮有天機化忌、天梁。有衣食之祿。生於甲年，有祿存在命宮，遷移宮有太陽化忌、巨門，有衣食之祿。

◎文昌居陷坐命午宮的命格只有一種，即是對宮有同陰相照的命格。此命格的人，生於丁年，有祿存和文昌同坐命宮，遷移宮有天同居旺化權、太陰居廟化祿。但財帛宮有太陽、巨門化忌，有衣食之祿，但手邊錢財常有糾紛。

◎文昌坐命戌宮的命格，只有一種，是對宮有機梁相照的命格。此命格的人，生於丁年，有祿存在財帛宮，有天機化科、天梁在遷移宮。有太陽、巨門化忌在官祿宮，有天同化權、太陰化祿在福德宮。此命格有財祿，但工作上是非爭鬥多，有毀譽不吉。

文昌在申宮、子宮、辰宮算是居得地、旺位的。此命格的人，生於庚年、甲年的人主貴命。

※文昌坐命申宮的命格有三種：一、是有機陰相照的命格。二、是有同梁相照的命格。三、是有陽巨相照的命格。

◎文昌坐命申宮，有機陰相照的命格，生於甲年，有祿存在遷移宮、官祿宮有太陽化忌。有衣食之祿。生於庚年，有祿存在命宮，官祿宮有太陽化祿。有衣食之祿。

◎文昌坐命申宮有同梁相照的命格，生於甲年，有祿存在遷移宮，有太陽化忌在財帛宮。有衣食之祿。生於庚年，有祿存在命宮，有太陽化祿在財帛宮，有太陰化忌在福德宮。有衣食之祿。

◎文昌坐命，有陽巨相照的命格，生於甲年，有太陽化忌、巨門、祿存在遷移宮，有衣食，但一生多招是非，不順。生於庚年，有祿存在命宮，有太陽化祿、巨門在遷移宮，有衣食之祿。稍富。

文昌坐命子宮，只有一種命格，是對宮有天同居陷、太陰居平相照的命格。生於甲年，有祿存在福德宮，有太陽化忌、巨門在財帛宮。有衣食之祿。

◎文昌坐命辰宮，只有一種命格，是對宮有機梁相照的命格。生於甲年，有祿存在夫妻宮，有太陽化忌、巨門在官祿宮，有衣食之祿。生於庚年，有祿存、太陽化祿、巨門在官祿宮中，有衣食之祿，事業好，能生財。

文昌坐命巳宮、酉宮、丑宮為居廟位。此命格的人生於乙年、戊年、辛年的人主有大貴。

※文昌坐命巳宮，只有一種命格，為對宮有廉貪居陷相照的命格。此命格生於乙年，有祿存和武殺在夫妻宮。有衣食之祿。生於戊年，有祿存在命宮，有廉貞、貪狼化祿在遷移宮，有衣食，較豐裕。生於辛年有祿存、天府在官祿宮，稍具事業。

◎文昌坐命酉宮，有三種命格：一、是有紫貪相照的命格。二、是有機巨相照的命格。三、是有陽梁相照的命格。

△文昌坐命酉宮有紫貪相照的命格，生於乙年，有祿存和紫微化科，貪狼在遷移宮，會有才能，能主貴。生於辛年，有祿存和文昌化忌同在命宮，有財祿，但思想有問題，異途顯達。生於

戊年，有祿存在財帛宮，有紫微、貪狼化祿在遷移宮，能主貴，有財祿。

△文昌坐命酉宮，有機巨相照的命格，生於乙年，有祿存、天機化祿、巨門在遷移宮，有天梁居陷化權在財帛宮，有太陽陷落、太陰化忌在官祿宮，有衣食之祿，在事業上有起伏，會做薪水不多的工作。生於戊年，有祿存在財帛宮，有太陽陷落、太陰化權在官祿宮，遷移宮中有天機化忌、巨門。因此主富不主貴。他是一個環境多是非變化及爭鬥。只想賺一點錢來好好享受生活的人，因此他會達到願望，做一個薪水族很快樂。生於辛年，會有祿存和文昌化忌同在命宮，遷移宮中有天機、巨門化祿，官祿宮中有太陽居陷化權、太陰居廟，此人臉上會有斑痕或是大痣，或有胎記，做幕僚人員可貴顯，但是暗貴。

△文昌坐命酉宮，有陽梁相照，生於乙年，有祿存和太陽、天梁化權在遷移宮，有天機居平化祿在財帛宮，有同巨在官祿宮，此人一生稍有衣食之祿，事業運較差，可享福。生於戊年，有祿存和天機化忌在財帛宮，有同巨在官祿宮，有衣食，但錢財和工作常有是非、起落。生於辛年有文昌化忌和祿存在命宮，有太陽化權、天梁在遷移宮，此人有『陽梁昌祿』格，但為異途顯達之人、事業有起伏。

（文昌坐命酉宮的人，差不多都有『陽梁昌祿』格，這也是幫助他們得財的好命格。因此不論其事業運如何，他們一定會有高學歷，且有大專以上的程度的。）

◎文昌坐命丑宮，必有文曲同宮，有三種命格：一、是昌曲坐命有日月相照的人。二、是昌曲坐命有同巨相照的人。三、是昌曲坐命有武貪相照的人。

△昌曲坐命丑宮，對宮有日月相照的人。生於乙年，有祿存在福德宮，有太陽、太陰化忌在遷移宮，財帛宮有天機化祿、巨門。官祿宮為天同居廟。此人有『陽梁昌祿』格，會以高知識

來賺錢，做學術研究工作，或做高科技機構的工作，有財祿。生於戊年，在官祿宮有祿存，又有太陽、太陰居陷化權在遷移宮，有天機化忌、巨門在財帛宮。此人會賺具有爭議大的錢財，而且財運變化起伏大、競爭厲害，財運不算順利，做薪水族最佳。生於辛年，有文昌化忌、文曲化科在命宮，也有祿存、機巨在財帛宮，遷移宮中有太陽化權、太陰。此人具有官職也稍具財祿。其人為文雅、有另類的才藝，臉上有痣或斑痕。

△昌曲坐命丑宮，對宮有同巨相照的命格，生於乙年，有祿存在福德宮，財帛宮有太陽居平、天梁化權，官祿宮為太陰居陷化忌。故其人有衣食之祿，主以名聲得財，但事業不運不佳，官位不大，辛苦過日而已。生於戊年，有祿存、太陰居陷化權在官祿宮，夫妻宮有天機化忌，表示此人喜歡管理財務，但只是一般常人之命格，自己無法得大財。辛年生的人，有文昌化忌、文曲化科在命宮，也有祿存、太陽化祿、天梁在財帛宮，此人的財得自名聲，有異途顯達之命格。

△昌曲坐命有武貪相照的命格，此命格會有政事顛倒、思想糊塗、愛亂說話的狀況。生於乙年，有祿存、廉破同宮在福德宮，財帛宮是天相陷落，官祿宮是天府在得地之位，做公職和薪水族維生。稍有衣食。生於戊年，遷移宮有武曲、貪狼化祿在遷移宮。此命格有較強的暴發運格『武貪格』，能多得錢財或事業發展、財富不少，但會大起大落。生於辛年，有文昌化忌、文曲化科在命宮，財帛宮有祿存、天相陷落，此人的暴發運為破格不發，只有常人衣食之祿。臉上會有奇痣和斑痕。

文昌在亥宮、未宮、卯宮為居平。這些命格的人，生於乙年、戊年的人有財祿、事業運。

※文昌坐命亥宮，只有一種命格，那就是有廉貪相照的命格。生於乙年有祿存、文曲、天府在官祿宮，會有才藝及衣食之祿。生於戊年，有祿存、廉貞、貪狼化祿在遷移宮。衣食豐足，為常人命格，長相清秀但桃花重，易犯淫。生於辛年，有文昌化忌在命宮，夫妻宮有祿存、武殺，其人有怪異思想和行為，稍有衣食。

◎文昌坐命卯宮有三種命格：一、是文昌坐命卯宮有機巨相照的人。二、是有陽梁相照的人。三、是有紫貪相照的命格。

△文昌坐命卯宮，有機巨相照的命格，生於乙年，有祿存在命宮，有天機化祿、巨門在遷移宮，有天梁居陷化權在財帛宮，官祿宮有太陽、太陰化忌，有衣食之祿。生於戊年，有祿存、天同在福德宮，有天機化忌、巨門在遷移宮，官祿宮有太陽、太陰居陷化權。此人愛享福，但環境多變，有是非。故有財也是薪水族之財祿，無法主富貴，以替人管理財務，如出納等工作。有衣食之祿。

△文昌坐命卯宮，有陽梁相照，生於乙年，有祿存、文昌在命宮，財帛宮是天機居平化祿。遷移宮有太陽居平、天梁化權，福德宮有太陰居陷化忌。官祿宮是同巨。此人稍有衣食之祿，具有『陽梁昌祿』格，但事業運不算好，故只有衣食之祿。生於戊年，有祿存和太陰居陷化權在福德宮，財帛宮是天機居平化忌，官祿宮是同巨。此命格稍有衣食，但手邊錢財不順，事業會有起伏或突然中斷的情形。

△文昌坐命卯宮，有紫貪相照的命格，生於乙年，有祿存、文昌在命宮，有紫微化科、貪狼在遷移宮，有天梁居廟化權在田宅宮。此人一生環境高尚、優雅，有家財，生活富裕舒適，錢財順利，官祿宮是天府居廟，財帛宮是天相居得地之位，故事業型態仍是以公務員、上班族、薪水階段的型態，但會管理財務。

△生於戊年，有祿存和武破同在福德宮，有紫微、貪狼化祿在遷移宮，有擎羊、太陽居旺在田宅宮。此人為勞碌奔波，有衣食之祿的人，生活水準高，事業運順利，以薪水族為主，會做管理財務方面的工作，但有家宅不寧，錢財不易留存的問題。

◎文昌坐命未宮，必有文曲同宮。昌曲在未宮坐命有三種命格：一、是有日月相照的命格。二、是有同巨相照的命格。三、是有武貪相照的命格。

△昌曲坐命未宮，有日月相照的命格，生於乙年，有祿存、天機化祿、巨門在財帛宮，有太陽居陷、太陰居廟化忌在遷移宮。此命格的人長相美麗、桃花重、有財祿，做公務員佳，官祿宮為天同居廟，事業平順，但職位平常。生於戊年，遷移宮有太陽、太陰化權，財帛宮有天機化忌、巨門，有祿存在夫妻宮。此人有衣食之祿，但財運常不順、有是非。

△昌曲坐命未宮有同巨相照的的命格，生於乙年，有祿存、太陽、天梁化權在財帛宮，官祿宮有太陰居廟化忌（因在亥宮，化忌不忌，但仍會有錢財上的是非）。此命格的人在錢財上仍是運用『陽梁昌祿』格來賺錢。此命格的人正是『明珠出海』格的人，在古代是考中狀元，被選中附馬的命格。主大富貴，有大財祿。生於戊年，有祿存、天機化忌在夫妻宮，有太陰居廟化權在官祿宮。此命格亦有財祿，但事業有起伏，以做公務員與金融會計、出納有關的工作，有大財祿。

△昌曲坐命未宮，有武貪相照的命格，生於乙年，有祿存、天相陷落在財帛宮，官祿宮是天府居得地之位，此命格有暴發運，可多得錢財，事業也會暴發，但有大起大落的人生。生於戊年，有祿存與紫殺在夫妻宮，遷移宮有武曲、貪狼化祿，有『武貪格』暴發運，可暴發較大的財富和事業，亦會有起落的人生。

【原文】

文昌入男命吉凶訣

歌曰　文昌坐命旺宮臨　志大才高抵萬金　文藝精華心壯大　須教平步上青雲

又曰　文昌守命亦非常　限不夭傷福壽長　只怕限沖逢火忌　須教夭折帶刑傷

【解析】

男子為文昌坐命是吉、是凶

歌云：男子為六昌居旺坐命時，其人有大志，才華很高，非常可貴，可抵千萬財富。其人具有文學、藝術的精華內含，氣勢磅礡，一定會平步青雲，很輕鬆的成功的。

又說：文昌在命宮的人是和常人不一樣的，只要限運沒有刑剋、傷害，就會有福氣而長壽了，最怕限運中有煞星相沖，這個煞星就是火星和擎羊兩顆星，一定會讓人有夭折死亡或刑剋、傷害的。

【原文】

文昌入女命吉凶訣

歌曰　女人身命值文昌　秀麗清奇福更長　紫府對沖三合照　管教富貴著霞裳

又曰　文昌女命遇廉貞　陷地擎羊火忌星　若不為娼終壽夭　偏房猶得主人輕

【解析】

女子爲文昌坐命是吉、是凶

歌云：女子的身宮或命宮有文昌星的人，一定是長相秀氣美麗的女人，若更有清新俊秀的氣質，其人的福氣是更好、更長久的。倘若有紫微、天府在命宮對宮或三合照守時，此人一定有富貴，可以穿高貴的衣裳服飾，及嫁給高官，做官太太。

又說：女子為文昌坐命，遇到廉貞星居陷，再有擎羊、火星化忌星相照或同宮，若不是做娼妓，便會壽短早夭，即使做偏房妾室，也會被夫家討厭看不起。

※文昌、廉破、羊、火同宮的命格，或以此四星相照的命格，就是娼妓命格。

【原文】

文昌入限吉凶訣

歌曰　文昌之星最為貴　斗數之中第二星　若遇太歲與二限　士人值此占科名
又曰　限遇文昌不得地　更有羊陀火鈴忌　官非口舌破家財　未免刑傷多晦滯

【解析】

文昌運中是吉、是凶

歌云：文昌星是最清高主貴之星。在斗數中它是六吉星之一，算是第二類的輔星。倘若流年不太歲與大、小限逢到文昌運，讀書人逢此運，用以占卜考試，會考中的。

又說：倘若運限遇到文昌居平、陷位，再有擎羊、陀羅、火星、鈴星、化忌在限運中，就會有官司纏身、口舌是非、破耗家裡的錢財等災禍，一定會帶有刑剋傷害，運氣也是晦暗、停滯的。

文曲星

【原文】

文曲水北斗司科甲星，與文昌逢吉主科第，單居身、命，更逢惡殺湊合，無名、便佞之人。

嘉六甲生人，巳、酉、丑宮侯伯貴。與貪狼、火星同垣，三合者將相之命，武、貞、羊、破、殺、狼居陷地，則喪命夭折，若與同、梁、武曲會旺官，聰明果決。

如羊、陀、火、鈴沖破，只宜空門。旺有暗痣，陷有斑痕。

女命入廟清，陷地與巨、火、忌、機會，及貪狼、破軍同垣沖破，則下賤孤寒淫慾。

寅宮平和，午、戌宮陷地，甲庚生人財官格。

申、子、辰宮得地，丁、癸、辛、庚生人福厚。

巳、酉、丑宮入廟，辛生人遇紫同大富貴。

卯、亥、未宮旺地，辛、丙、壬、戊生人財官格。

【解析】

文曲星五行屬水，是北斗第四星，也是司管科甲、考試、名聲的星。

文曲星若與文昌同宮，再逢吉星，主其人考試及第。文曲單星在命宮或身宮，再有惡星、煞星同宮、相照、三合照守的人，是一個默默無名，又口舌油滑不實在的小人。

文曲坐命，最好是甲年生的人，又坐命在巳宮、酉宮、丑宮居廟旺之位的命格。可以主貴，可做政府一等官員。文曲星若與貪狼、火星同宮或相照，或在三合宮位相照守，就會有做大將軍或宰相（現今行政院長）之職的命格。文曲若與武曲、廉貞、擎羊、破軍、七殺、貪狼相會居於陷位，就會死亡夭折。倘若文曲與天同、天梁、武曲相會在旺位，便是聰明、有果斷立決的智慧之人。

文曲全命，如果有擎羊、陀羅、火星、鈴星同宮或相照，算是沖破的命格，只適合做出家人。

文曲居旺在命宮的人，有黑色的痣，或隱藏起來的痣。文曲居陷坐命的人，臉上、身上有斑痕、胎記。

女子為文曲居廟坐命者，會有清白的人格和人生。女子為文曲居陷坐命，再與巨門、火星、化忌、天機相會，同宮、相照、三合照守的命格。以及文曲和貪狼，文曲和破軍同宮或對照，都算是被沖破的命格，是會有下賤的思想，孤獨貧寒的生活，以及多淫慾的愛好，這些都是下等命格了。

文曲在寅宮居平，在午宮、戌宮居陷位。文曲坐命寅、午、戌宮的人，生於甲年、庚年會有財祿和事業。

※文曲坐命寅宮有三種命格：一、是文曲坐命有機陰相照的命格。二、是文曲坐命有同梁相照的命格。三、是文曲坐命有陽巨相照的命格。

◎文曲坐命寅宮有機陰相照的命格，生於甲年，有祿存在命宮，有太陽化忌在官祿宮，有衣食之祿，但事業有起伏。生於庚年，有祿存、天機、太陰化忌在遷移宮，官祿宮有太陽化祿，有衣食之祿。

◎文曲坐命寅宮有同梁。相照的命格，生於甲年，有祿存在命宮，有太陽化忌在財帛宮，官祿宮為巨門居旺，有衣食之祿，財運仍會不順和是非，做公務員、薪水族佳。生於庚年，有祿存、天同化科、天梁在遷移宮，有太陽居陷化祿在財帛宮，有太陰居陷化忌在福德宮，有衣食之祿，手邊財來財去，宜做公職或薪水族。

◎文曲坐命寅宮，有陽巨相照的命格，生於甲年，有祿存在命宮，有太陽化忌、巨門在遷移宮。一生在外不順利，多是非，為人孤獨、話少，有衣食之祿，有暴發運。生於庚年，有祿存、太陽化祿、巨門在遷移宮。官祿宮是天同化科、太陰化忌，命格中的『武貪格』中尚有武曲化權，有極強的暴發力，可多得錢財。事業不算好，但奔波有財祿。

◎文曲坐命午宮，有同陰相照，生於甲年，有祿存、太陽化忌、巨門同在財帛宮，官祿宮是空宮，因此財並不多，事業也不佳。生於庚年，有太陽化祿、巨門在財帛宮，遷移宮中有天同化科、太陰化忌，福德宮中有祿存。『武貪格』暴發運格中有武曲化權、貪狼，故此命格主富裕，暴發運格也為強勢偏財運格，可得大財富，但外界環境不佳。

◎文曲坐命戌宮，有機梁相照，生於甲年，有祿存、太陽化忌、巨門在官祿宮，命格中有『武貪格』暴發運，一生會有起伏，事業有進退，有財祿、有是非、吉凶參半。生於庚年，官祿宮有太陽化祿、巨門。夫妻宮有祿存。暴發運格『武貪格』中有武曲化權，有強勢暴發運，可獲大財富，但會大起大落。

文曲在申宮、子宮、辰宮居得地之位，算是旺位。此命格的人，生於丁年、癸年、辛年、庚年的人福份厚。

※文曲坐命申宮，有三種命格：一、是文曲坐命申宮，有機陰相照的命格。二、是文曲坐命申宮有同梁相照的命格。三、是文曲坐命申宮，有陽巨相照的命格。

◎文曲坐命申宮，有機陰相照的命格，生於丁年，遷移宮有天機化科、太陰化祿，財帛宮有巨門陷落化忌，夫妻宮有祿存，官祿宮是太陽陷落。是常人命格，但長相秀麗，討人喜歡，有衣食之祿，手邊錢財不順，事業多起伏，靠人生活度日。

△生於癸年，有太陰化科、天機在遷移宮，有巨門陷落化權在財帛宮，有祿存、太陽陷落在官祿宮。此人生存的環境很高尚、溫和，又捧著他，他長得很漂亮，因此他會只要動口說話，要求，便可以賺到錢了，一生靠人過活。有人幫他賺錢，還挺富裕的。

△生於辛年，有文曲化科在命宮，有文昌化忌、天梁在夫妻宮，有巨門陷落化祿在財帛宮，有太陽陷落化權在官祿宮。這個命格的人，本身很漂亮，有氣質，有才藝，但不會賺錢，財祿少。靠配偶來養活，配偶是比自己年歲大很多，長相氣質較粗魯，智慧不高的人。所以他可以管得住配偶，讓配偶賺錢給他花用。

△生於庚年，有祿存、文曲在命宮，遷移宮中有太陰化忌、天機，官祿宮有太陽陷落化祿，福德宮是天同居平化科，田宅宮有武曲居平化權、破軍居平。此人亦是靠人生活，本身愛享福，有衣食之祿，環境不算好，但在家中有錢財的主導權。

（文曲坐命申宮，有機陰相照的人，其夫妻宮是天梁居廟，都有比自己大很多的配偶，會養活自己，或做別人的小老婆，或娶比自己年紀大的人做老婆，因此是靠人生活的命格。）

◎文曲坐命申宮，有同梁相照的命格，生於丁年，有天同化權、天梁在遷移宮，有巨門居旺化忌在官祿宮，有太陰居旺化祿在福德宮，有祿存、天機居廟化科在夫妻宮。此命格的人，一生平順享福，事業上有爭鬥起落，但錢財很順利。配偶賺得錢比自己多，夫妻和合，衣祿豐裕。

△生於癸年、有祿存和巨門化權在官祿宮，有太陰化科在福德宮，其人有財祿有事業，以口才見稱的推銷業、仲介業、教師為佳。

△生於辛年，有文曲化科在命宮，財帛宮是太陽化權，官祿宮是巨門化祿，夫妻宮有天機居廟、文昌化忌，此人口才好，長相溫和俊美，一生平順，財祿不錯，配偶是聰明，但長相粗獷的人。

△生於庚年，有祿存、文曲在命宮，有太陽化祿在財帛宮，有天同化科、天梁在遷移宮，有太陰化忌在福德宮。此人有財祿但小氣，一生平順，錢財不多，有衣食之祿。

◎文曲坐命申宮有陽巨相照的命格，生於丁年，遷移宮有太陽、巨門化忌、財帛宮中有天機化科、天梁，官祿宮中有天同化權、太陰化祿。此命格在其周圍的環境不佳，多是非爭鬥，手邊賺的錢不多，但努力工作，就會有源源不斷的財運，有衣食之祿。

△生於癸年，遷移宮有太陽、巨門化權，官祿宮有祿存、天同、太陰化科。故此人在外說話有影響力，適合做民意代表、仲介業、推銷業，事業會帶來財祿。

△生於辛年，命宮有文曲化科，遷移宮是太陽化權、巨門化祿，夫妻宮有文昌化忌在午宮，其人有口才，能在外八面玲瓏，做公職好，但內心有險惡，思想會扭曲而享不到福，其福德宮有擎羊。

△生於庚年，有祿存、文曲在命宮，有太陽化祿、巨門在遷移宮，有天同化科、太陰化忌在官祿宮，其人宜做公職，有財祿，但事業上會有起落毀吝。

◎文曲在子宮獨坐，只有一種命格，就是有天同居陷、太陰居平相照的命格。此命格的人，生於丁年，有天同居陷化權、太陰居平化祿和祿存在遷移宮中，有太陽、巨門化忌在財帛宮、官祿宮是空宮，故有衣食之祿，錢財多是非，不順。

△生於癸年，有祿存、文曲在命宮，有太陰居平化科、天同居陷在遷移宮，有太陽、巨門化權

在財帛宮。此命格有衣食之祿，賺錢辛苦，環境不佳之故。

△生於辛年，有太陽化權、巨門化祿在財帛宮，本命是文曲化科，福德宮有文昌化忌。此人有才藝、口才好，但常說錯話，或用辭不當，有粗俗的一面。適合靠口才吃飯，桃花星多的，可在演藝圈工作，有折射的『陽梁昌祿』格，學歷好的，可做律師、司法官。但常有文書出錯的情形。

△生於庚年，有祿存和太陽化祿、巨門在財帛宮，遷移宮是天同居陷化科、太陰居平化忌，故環境不佳，財少，靠人生活，有財祿，或做仲介業、推銷業等，有折射的『陽梁昌祿』格，有高學歷的人可在司法界工作。有武曲化權在命格中的『武貪格』中，但有地劫、陀羅也在此格中，故暴發運雖然強勢，也有不發的情形。

◎文曲坐命辰宮，只有一種命格，就是有機梁相照的命格，生於丁年，有天機化科、天梁在遷移宮，有天同居陷化權、太陰居平化祿、祿存在福德宮，有太陽、巨門化忌在官祿宮，此人一生較窮、靠人生活，有衣食，若工作也不長久。

△生於癸年，有祿存在財帛宮，有太陽、巨門化權在官祿宮，故在事業上是以口才得利的工作，有辛苦、不多的財運，有衣食。

△生於辛年，有文曲化科在命宮，遷移宮中有天機、天梁、文昌化忌，官祿宮有太陽化權、巨門化祿。此人清秀但臉上有斑痕、胎記，努力工作可得財，事業運好，但財不多。

△生於庚年，官祿宮有祿存、太陽化祿、巨門。福德宮卻是天同居陷化科，太陰居平化忌，『武貪格』中有武曲化權，故工作上可努力，有財運，也會有強勢的暴發運，但起伏很大，享福不多。

文曲坐命在巳宮、酉宮、丑宮為居廟位，這些命格中生於辛年的人遇到有紫微同宮的命格主有大富貴。

※文曲若與紫微同宮，便不能單稱文曲坐命了，要以主星紫微星，和另一個正曜一起來稱呼，因此也會略去文曲而不談。

文曲和紫微同宮的命格有很多種，例如和紫微單星、紫府、紫相、紫貪、紫破、紫殺等。倘若依然要以文曲單星坐命，有紫微相照的命格，只有『文曲坐命卯、酉宮，有紫貪相照的命格』一種。

◎文曲坐命卯、酉宮有紫貪相照，生於辛年，有祿存在酉宮，會在遷移宮或命宮，命宮有文曲化科，財帛宮會有文昌化忌、天相，田宅宮會有太陽化權，但是也要小心有天空、地劫出現在子女宮、田宅宮，此人外桃花強，人緣好，有桃花事件，做公職佳，有財祿，但並不一定會大富大貴。

文曲坐命卯宮、亥宮、未宮居旺位。此命格的人，生於辛年、丙年、壬年、戊年的人有財祿、事業。

※文曲坐命卯宮的，有三種命格：一種是文曲坐命卯宮有紫貪相照的命格，這在前面文曲在卯、酉宮有紫貪相照的部份已講過了。二、是文曲坐命卯宮，有陽梁相照的命格。三、是文曲坐命卯宮有機巨相照的命格。

◎文曲坐命卯宮，有陽梁相照的命格，生於辛年，有祿存和太陽化權、天梁在遷移宮。命宮有文曲化科。有文昌化忌、天機居平在財帛宮。有衣食之祿，有貴人幫助，但財運不順利，而且少。有身體不佳，高血壓、早夭的狀況。

△生於丙年，有祿存和太陰陷落在福德宮，財帛宮是天機居平化權和文昌化科。有衣食之祿，做文職佳。

△生於壬年，有祿存，天機居平在財帛宮，遷移宮有太陽、天梁化祿。有衣食之祿，錢財不多，但仍能過活，工作斷斷續續。

△生於戊年，有祿存、太陰陷落化權在福德宮，有天機居平化忌在財帛宮，官祿宮是同巨，財運不順，靠人生活度日。

◎文曲坐命亥宮只有一種命格，就是有廉貪相照的命格。此命格較邪淫、桃花重、口才好、會賺桃花錢，生於辛年有文曲化科在命宮，有文昌化忌、天府在官祿宮，有祿存和武殺在夫妻宮，事業有悔吝之事，用淫慾手段來賺錢很明顯。

△生於丙年，有祿存、廉貞化忌、貪狼在遷移宮，有文昌化科、天府在官祿宮，有衣食之祿，會在外表好看，有文化氣息的地方工作，但仍為邪淫之命格。

△生於壬年，有祿存、文曲在命宮，有衣食之祿，少年邪淫、老來孤寡。

△生於戊年，有祿存、廉貞、貪狼化祿在遷移宮，有衣食之祿，做公職可平順。

◎文曲坐命未宮必是昌曲同坐命宮，有三種命格：一、是有日月相照的命格。二、是有同巨相照的命格。三、是有武貪相照的命格。

（此部份在文昌坐命未宮時已談過了，不再贅言。）

【原文】

文曲入男命吉凶訣

歌曰　文曲守命最為良　相貌堂堂志氣昂　士庶逢之應福厚　丈夫得此受金章

又曰　文曲守垣逢火忌　不喜三方惡殺聚　此人雖巧口能言　惟在空門可遇貴

【解析】

男子爲文曲坐命是吉、是凶

歌云：男子有文曲坐命最好了，有俊美、體面的長相，志氣也很高。讀書人、平常人有此命格就會有深厚的福氣。男子大丈夫有此命格會有功勞領受勳章。

又說：當文曲坐命又有火星、擎羊星同宮時，不可在三合宮位再有煞星來照守，否則此人只是巧口善辯之人，並不討人喜歡。只有做和尚、道士，才可能遇到貴人扶持。

【原文】

文曲入女命吉凶訣

歌曰　女人命裡逢文曲　相貌清奇多有福　聰明伶俐不尋常　有殺偏房也淫慾

【解析】

女子為文曲坐命是吉、是凶

歌云：女人是文曲坐命時，相貌是清秀脫俗的，比較有福氣，受人喜愛。她們非常聰明、伶俐、鬼靈精，只要有殺星同宮、相照，或三合照守的，就會做偏房妾室、姨太太，但總是非常邪淫多慾的人。

【原文】

文曲入限吉凶訣

歌曰　二限相逢文曲星　士庶斯年須發福　更添左右會天同　財祿滔滔為上局

又曰　文曲限遇廉陀羊　陷地非災惹禍殃　更兼命裡星辰弱　須知此歲入泉鄉

【解析】

文曲在限運中是吉、是凶

歌云：當大、小限、流年逢到文曲運時，讀書人與平常人在該年都會有福氣。倘若再有左輔、右弼、天同同宮，會有很多財來進。這是上等格局的運格。（這是指天同、文曲在巳宮，雙雙居廟的限運）

又說：文曲運中有廉貞、陀羅、擎羊，當這些星都居於陷位時，即使沒有傷災，也會闖禍。倘若命宮中星曜是居陷位的，就知道這一年要死了。

※文曲遇廉、陀、羊，四星皆居陷，有三種情形：一、是在巳、亥宮，有廉貪、陀羅同宮或相照的情況。一種是在卯、酉宮有廉破、擎羊同宮的狀況。三、是在丑、未宮，有文曲、文昌和廉殺羊或廉殺陀同宮的情形。這些都是極差的運程，要小心有性命不保的危險。

左輔星

【原文】

左輔土南北斗善星，佐帝令尤佳。若府、相、機、昌、貪狼、武曲會，更右弼同垣，富貴不小。財官雙美。若見羊、陀、火、忌中局。旺宮有暗痣。三殺如陷地加巨門、七殺、天機下局。

女命會吉星旺夫益子。僧道清潔。

【解析】

左輔星五行屬土，是南北斗之輔星、化善，為善星。是輔佐紫微來傳帝令最好了。倘若左輔坐命，再有天府、天相、天機、文昌、貪狼、武曲在三合宮位相會，再加上右弼同宮，（左輔、右弼會在丑宮、未宮同宮）是有很大富貴的人，是財祿和官位都有的好格局。

倘若左輔坐命，有羊、陀、火星、化忌星來同宮、相照、三合照守的命格，為中等格局的命格。左輔在旺宮坐命的人，臉上、身上有黑痣。命宮中如有煞星居陷地，再加巨門、七殺、天機星的命格為下等命格。（這是指左輔和煞星『羊、陀、火、鈴』坐命，三合宮位中有巨門、七殺、天機這些星的為下局。）

女子為左輔坐命，再有吉星同宮或照守的人，會興旺夫家，有益子孫。即使做尼姑、道士，也不會淫亂。一定是清白潔身忠貞的人。

【原文】

左輔入男命吉凶訣

歌曰　左輔尊星能降福　風流敦厚通今古　紫府祿權貪武會　文官武職多清貴

又曰　羊陀火鈴三方照　縱有財官非吉兆　廉貞破巨更來沖　若不傷殘終是夭

【解析】

男子爲左輔坐命是吉、是凶

歌云：男子為左輔坐命，會得到福氣。此命格的人是風流倜儻、性格敦和厚重，有學問能博古知今的人。倘若命格中再有紫微、天府、祿星化權、貪狼、武曲同宮、或相照、或三合照守的命格。此人無論會做文職、武職都會做清高貴顯的職位。

又說：左輔坐命，有羊、陀、火、鈴在三合宮位來照守的命格，縱使有財祿和官位，都是不算吉的。倘若再有廉貞、破軍、巨門也在對宮、三合宮位來沖照，這即是不刑傷殘廢，也會早死的了。

【原文】

左輔入女命吉凶訣

歌曰　女逢左輔主賢豪　能幹能為又氣高　更與紫微天府合　金冠封贈福滔滔

又曰　火陀相會不為良　七殺破軍壽不長　只可偏房方富足　聰明得寵過時光

【解析】

女子爲左輔坐命是吉、是凶

歌云：女子為左輔坐命主其人是賢慧、豪邁的人。非常能幹，志氣也高強。倘若再有紫微、天府同宮，或三合照守，一定會做貴夫人，有很大的福氣。

又說：女子為左輔坐命，再有火星、陀羅在命宮或相照，是不好的。有七殺、破軍來同宮、照會、三合照守的人，會壽命不長。這些命格只能做側室、為妾、姨太太，才能衣食豐足，一生以小聰明來獲得寵愛過日子。

【原文】

左輔入限吉凶訣

歌曰　左輔限行福氣深　常人富足累千金　官員更得科權照　職位高遷佐聖君

又曰　左輔之星入限來　不宜殺湊主悲哀　火鈴空劫來相湊　財破人亡事事衰

【解析】

左輔在限運中是吉、是凶

歌云：人在走左輔運時，有貴人運，是福氣很深厚的。平常人也會富足，積蓄很多錢。做官的人，若有化科、化權星來相照，一定會有升職，協助主政者，或做上司的左右手之職的。

又說：人在走左輔運時，最好不要有殺星來同宮、相照，這是主有悲哀之事的。倘若有天空、地劫、火星、鈴星來同宮、相照，也會有破財、死亡的事情，而且在此運中碰到很多事情都是衰運的事。

右弼星

【原文】

右弼土，南北斗善星，佐帝令。入廟厚重、清秀、耿直，心懷寬恕，好施計、有機謀，諸宮降福，四墓尤佳。

若會紫微、府、相、昌、曲，終身福壽。若與諸殺同纏及羊、陀、火、忌沖合者，財福薄亦不為凶，有暗痣、斑痕傷殘帶疾。

女命會吉星，旺夫益子。僧道清潔。

【解析】

右弼星五行屬土，是南北斗助星，為善星，是輔佐紫微帝座的傳令之星。

右弼居廟坐命時，其人的外型是敦厚、穩重的，長相清秀，有耿直的性格，內心多寬恕別人之心，喜歡幫助別人，亦有機智謀略。右弼在十二個宮位中都是在帶給別人福氣的。尤其在辰、戌、丑、未四墓宮是更好。

右弼若和紫微、天同、天相、文昌、曲同宮或相照，是一生都有福氣和長壽。右弼若與殺星同宮，或有羊、陀、火、鈴在對宮或三合宮位相沖照的，則是福氣少的人，但不會有凶厄之災。此命格的人臉上會有黑痣、斑痕、胎記，或有傷災、殘廢、身體有疾病之苦。

女子為右弼坐命，有吉星相照的人，會興旺夫家、有益子女。即使做尼姑、女道士，也會潔身自好。

【原文】

右弼入男命吉凶訣

歌曰　右弼天機上宰星　命逢重厚最聰明　若無火忌羊陀會　加吉財官冠世英
又曰　右弼尊星入命宮　若還殺湊主常庸　羊陀空劫三方湊　須知帶疾免災凶

【解析】

男子爲右弼坐命是吉、是凶

歌云：男子為右弼、天機坐命是命格高可做宰相的命格。這是天賦聰明、厚重的命格。只要沒有火星、化忌、羊、陀來照會或同宮，再有吉星來一起同宮或照會，其人的財祿和官位就會高過同級的其他人了。

又說：有右弼在命宮的人，倘若再有殺星來相沖、三合沖照，主其人為平常庸俗無能之輩的人。在三合宮位有羊、陀、天空、地劫來沖照的，身體有疾病的人災會少一點。（此即指帶疾延年之意。）

【原文】

右弼入限吉凶訣
歌曰　右弼入限最為榮　人財興旺必多能　官員遷擢僧道喜　士子攻書必顯名

又曰　右弼主限遇凶星　掃盡家資百不成　士遭傷敗奴欺主　更教家破主伶仃

【解析】

右弼在限運中是吉、是凶

歌云：人在走右弼運時，最為榮昌有好運，家裡會添丁、興盛有旺運，人也會多才多能。做官的人會被拔擢升級。做和尚、道士的人，也會心情愉快。讀書人努力讀書也一定會成名。

又說：在右弼限中又有凶星同在的運程，是耗敗家產，什麼事也做不成功的運程。讀書人會有傷災、破敗和家僕凶悍欺負責主人之事。更會鬧得家破人亡，只剩下自己一個孤苦伶仃的的人。

祿存星

【原文】

祿存土，北斗司爵貴星，持重、心慈、耿直有機變，多學多能，命遇主貴，文人有名聲，諸宮降福消災，棄祖重拜父母。喜紫微、府、相、同、梁、日、月、武曲同宮為妙，單守命、身、看財之庫，怕火、鈴、空、劫沖照，下局。巧藝多精之人。陷地減福，在命宮、官祿、田宅為福。

女命清白秀麗，有男子之志。

【解析】

祿存是五行屬土，在北斗第三星，司貴爵之星。

祿存坐命的人，老成持重，心地慈善，個性耿直，但有到應變的機智。是一個學習能力強，很有才幹的人。命宮有祿存，主其人有財祿。做文職或靠文字、文化事業過活的人，會有好聲名。祿存在十二宮中都能帶來福氣，消去災厄。

祿存坐命的人，是離開原姓氏之一脈相傳的祖先，重新改拜父母的人。（此表示會過繼給人做養子，或隨母改嫁改成繼父的姓名。）

祿存坐命有紫微、天府、天相、天同、天梁、太陽、太陰、武曲同宮是最好的命格。倘若命宮或身宮中只有祿存星一個星為主星，我要看其人命格中之財庫（指田宅宮）。祿存坐命最怕有火星、鈴星、天空、地劫來沖照，因為『祿逢沖破』，故是下等格局的命格。此命格多半是具有特殊精巧手藝的人。祿存以在身宮、命宮、官祿宮為廟旺之地。可幫助人有財祿。在疾厄宮、僕役宮為閒宮，稱居陷位，這是會減少福氣的。

女子為祿存坐命者是品格、身世都清白、長相秀麗的人，會具有像男人一般的大志向。

【原文】

祿存入男命吉凶訣

歌曰　人生若遇祿存星　性格剛強百事成　官員遷兮昌曲會　滔滔衣祿顯門庭

又曰　祿存守命莫逢沖　陀火交加福不全　天機空劫忌相會　空門僧道得清閑

【解析】

男子爲祿存坐命是吉、是凶

歌云：男子若是祿存坐命的人，其人性格剛強，吃苦耐勞，無論做什麼事都有苦幹精神，是一定會成功的。有文昌、文曲與祿存同宮或相照時，做官的人會升遷、有喜事。會有極大的衣食之祿，並光耀門楣。

又說：有祿存坐命，最好不要有沖剋的星來同宮或相會，倘若逢到陀羅、火星一起來同宮或沖照，是福氣不夠全美的（此句陀羅一定在祿存後一宮，『前羊後陀』，因此不會祿存和陀羅同宮或相照，只會和擎羊相夾祿存。）倘若祿存坐命有天機、天空、地劫、化忌同宮或相照，就是一輩子入空門做和尚、道士，過清閒日子的人。

【原文】

祿存入女命吉凶訣

歌曰　女命若遇祿存星　紫府加臨百事寧　更遇同貞相湊合　必然註定是夫人

又曰　祿存入命陷宮來　空劫鈴火必為災　若無吉曜來相湊　夫婦分離永不諧

【解析】

女子爲祿存坐命是吉、是凶

歌云：女子若是祿存坐命，再有紫微、天府來同宮或相照，是非常溫和、穩重的命格。再在三合宮位中，有廉貞、天同來照守的命格，一定會做高官的太太。

又說：祿存坐命陷宮，會有天空、地劫、鈴星、火星來同宮或相照，一定是會有災厄纏身的命格。倘若沒有吉星在對宮、三合宮位來相照解救的命格，會有夫妻不和睦或離婚、或配偶早亡，生離死別的事情。

【原文】

祿存入限吉凶訣

歌曰　祿存主限最為良　作事求謀盡吉祥　仕祿逢之多轉職　庶人遇此足錢糧

又曰　祿存主限壽延長　作事營謀萬事昌　更有科權兼左右　定知此限富倉廂

又曰　祿存祿主多富足　婚姻嫁娶添嗣續　更兼科祿又同宮　必主榮華享厚福

又曰　祿馬交馳限步逢　最怕劫空相遇同　更兼太歲惡星沖　限倒其年入墓中

【解析】

祿存在限運中是吉、是凶

歌云：祿存在限運中是最好的，無論在工作上，謀求生意，或找工作方面都是吉祥的，做官的人逢祿存運會改變職務（比喻升官）。平常人遇祿存運，錢財會順利充足。

又說：逢到祿存在限運中，壽命會延長增加。在工作上、謀求利益上是一切都吉祥昌順的。若再有化科、化權、左輔、右弼同在運限中，就知道此限運是最好的，一定會賺得到大錢財，使家中財庫豐滿了。

又說：祿存是管財祿的主星，逢到祿存運會錢財很富裕豐足。在祿存運中，亦會有結婚的喜事，和增添子女的喜事。倘若再有化科、化祿同宮在限運中，也一定會有榮華富貴和享福的日子。

又說：祿存和天馬同宮在限運中，是『祿馬交馳』的運格。逢到此運，最怕有天空、地劫來同宮相遇了，再有流年太歲星，煞星來沖照，就是倒限之年，很不吉，可能會死亡。

天魁、天鉞

【原文】

魁鉞火，即天乙貴人，若人身、命逢之更得諸吉加臨，三合吉星守照，必少年登科及第。

逢凶忌不為文章秀士，可為弟子之師，限步逢之必主清高名成利就，大抵此星若身命逢之，雖不富貴亦主聰明，為人秀麗清白，有威可畏有儀可象。

女命逢吉多為宰相，婦逢凶殺也主富貴。

【解析】

天魁、天鉞五行屬火，是南斗助星。天魁是『天乙貴人』。天鉞是『玉堂貴人』。倘若人的命宮、身宮逢到天魁、天鉞，還必須再吉星同宮或相照，在三合宮位也要有吉星來照守。有此命格的人，會年紀輕輕的就參加國家考試而上榜考中。

天魁、天鉞逢凶星、化忌，就不會做有文章之美的讀書人，但可以做教師。在限運中逢到魁鉞運，其人會用清高的風範來完成事業、有名有利。總之，總之，有魁鉞在身宮或命宮，雖不會有大富貴，但其人還是很聰明，長相秀麗，操守清白，是一個有權威讓人敬畏，有儀表風範，讓人仰慕的。

女子為魁鉞坐命，再有吉星同宮或相照，會做宰相之職。婦人為魁鉞坐命，再逢凶星、煞星，也是會有富有主貴的人生。

【原文】

魁鉞入命限吉凶訣

歌曰　魁鉞命身限遇昌　常人得此足錢糧　官員遇此高遷擢　必定當年面帝王

【解析】

天魁、天鉞在限運是吉、是凶

歌云：有天魁、天鉞在命宮、身宮，而運限逢到文昌運，一般平常人有此運，都是衣食、錢財豐足的。做官的人遇此運會高升官職，受到拔擢，一定會在這一年面見主政者、主事者（指最高管理階層的主管人物）。

擎羊星

【原文】

擎羊火金，北斗浮星、化刑，入廟權貴身旺，形麄破相、剛強果決、勇鬥、有機謀、狡詐，立功名，能奪君子之權。喜西北生人為福。

宜命在四墓宮廟地，亦喜四墓生人。會日月，男剋妻而女剋夫。會昌、曲、左、右有暗痣、斑痕。

若卯酉陷宮作禍、傷殘、帶目渺，六甲、六戊寅申生人守命，其人孤單不守祖業，二姓延生巧藝為活。

廉貞、火、巨、忌星同陷地、則帶暗疾，或面手足有傷殘且不善終，一生多招刑禍，否則為僧道。

女命入廟權貴，陷地傷夫剋子，孤刑、破相、下淫。

辰戌丑未入廟亦宜，辰戌丑未生人財官格。

子午卯酉陷地，寅宮得地。

【解析】

擎羊五行屬火金，是北斗浮星，化氣為刑，亦稱刑星。

擎羊入廟坐命的人，會具有掌權主貴的氣勢。身型是壯壯的，外型較粗壯，頭臉有破相、傷痕，性格剛強、果敢、有決斷能力、好勇鬥狠，有心機謀略、狡詐，可立功立業，有大成就，會奪取君子人之權力。生於西北方的人，最有福，命格好。

擎羊坐命的人，最好是坐命在辰、戌、丑、未宮等四個居廟旺又稱做四墓宮的宮位。更好是辰年、戌年、丑年、未年生的人。

擎羊坐命，有太陽、太陰在對宮相照的命格，是男子就會剋妻。是女子就會剋夫。倘若擎羊坐命有文昌、文曲、左輔、右弼同宮或相照，則其人臉上會有黑痣、黑斑、胎記等現象。

擎羊在卯宮、酉宮等陷宮會製造災禍，使人傷殘、眼睛有羊白眼（眼睛邪視，看人時黑眼珠分開向兩旁，不能正常集中在一起看人）。生於甲年、戊年又是生於寅年、申年的人，是不守祖業，會離鄉，會孤單一人，也會改姓，（做人養子，或隨繼父姓氏，亦會入贅），並以特殊技能來過活（很可能做強盜、竊賊）。

※六甲、六戊、寅、申生人是指甲寅年、甲申年、戊寅年、戊申年生的人。生於甲年，擎羊在卯宮，但出生於戊年，擎羊在午宮，因此戊寅年、戊申年就不可能有擎羊坐命卯、酉宮了。所以有錯誤，應該是辛年才對，辛年擎羊在酉宮，又是生於辛酉年的命格不佳。

擎羊居陷坐命，再有廉貞、火星、巨門、化忌星一同在居陷的位置同宮或相照的人，是身體上有隱藏的疾病，或是臉上有痲臉，有傷痕，或是手腳有受傷及殘廢的缺陷，並且也會有災禍凶死的狀況，一生之中常有犯刑、災禍等惡事。否則此人會去入空門做和尚、道士。

女子為擎羊居廟坐命的人，能掌有權勢、地位。女子擎羊居陷坐命的人，是刑剋丈夫，傷剋子女的人，一生有孤獨的刑剋，臉上會破相有傷痕，也是下賤、淫慾重的人。

擎羊坐命在辰宮、戌宮、丑宮、未宮為居廟位的命格最好。再生於辰年、戌年、丑年、未年的人，有財祿、事業。

※擎羊為刑星，入四墓宮，較能將刑剋、凶性限制住一部份，故其人會往財祿、事業上發展，反而不太會危害自己的命格和危害別人的生命。

擎羊在子宮、午宮、卯宮、酉宮為居陷，在寅宮為居得地之位（此句為錯誤）。

※擎羊星不會出現在寅、申、巳、亥四個宮位的。

※擎羊單星坐命，亦算是空宮坐命的一種，要看對宮有什麼星，再一同看命理格局的吉凶。

【原文】

擎羊入男命吉凶訣

歌曰　祿前一位安擎羊　上將逢之福祿加　更得貴人相守照　兵權萬里壯皇家

又曰　擎羊守命性剛強　四墓生人福壽長　若得紫府來會合　須知財穀富倉箱

又曰　擎羊一曜落閑宮　陀火沖兮便是凶　更若身命同劫殺　定然夭絕在途中

【解析】

男子為擎羊坐命是吉、是凶

歌云：擎羊安在祿存的前一宮。做大將軍的人，逢有擎羊在命宮，是有福有財祿的，再有貴人星天梁星在三合宮位照守，是做國家中掌兵權、維護萬里江山、壯盛國家軍容的大將軍。

又說：擎羊坐命的人，是性格剛強的，出生在辰年、戌年、丑年、未年的人，有福有壽，再有紫微、天府來三合會照，一定會有錢財、食祿很豐裕的生活。

又說：擎羊若落在閒宮（指擎羊居陷或在『命、財、官』以外的宮位），再有陀羅、火星來沖照，就是凶象，（陀羅在祿存後一宮，因此無法和擎羊沖照，此有錯誤應該是廉貞才對）。倘若身宮、命宮再都有天空、地劫、七殺，一定是在道路途中身亡。（此指命格中有『廉殺羊』，有『廉殺陀』，無論在那一個宮位亦發生交通事故而身亡的事件。）

【原文】

擎羊入女命吉凶訣

歌曰　北斗浮星女命逢　火機巨忌必常庸　三方凶殺兼來湊　不夭終須淚滾濤

【解析】

女子爲擎羊坐命是吉、是凶

歌云：擎羊為北斗浮星，在女子的命宮中時，再有火星、天機、巨門、化忌來相照的人一定是平庸的人。再有三合宮位有凶星、殺星來照守的命格，即使不早夭命短，也會一生顛波流離，坎坷難過日子。

【原文】

擎羊入限吉凶訣

歌曰　擎羊守限細推詳　四墓生人免禍殃　若遇紫微昌府會　財官顯達福悠長

又曰　天羅地網遇擎羊　二限沖兮禍患戕　若是命中主星弱　定教一疾夢黃粱

又曰　擎羊加殺最為凶　二限休教落陷逢　剋子刑妻賣田屋　徒流貶配去從戎

【解析】

擎羊在限運中是吉、是凶

歌云：擎羊在限運中是要細細推算的，出生於辰、戌、丑、未年又命坐辰、戌、丑、未宮的人，可少災禍。倘若再有紫微、文昌、天府在對宮或三合宮位相會照，仍然會有官位上升，錢財通達，福氣很好的。

又說：在天羅宮、地網宮有擎羊星入限運。大、小二限及流年中有沖剋，會產生禍患。倘若其人命宮中之其他主星陷落，一定會有疾病，而一病不起的狀況。

※辰宮為天羅宮，戌宮為地網宮。

又說：擎羊星再加殺星在運限中是最凶的運程了，大、小限及流年最好不要逢到擎羊陷落運，會刑剋妻和子（有生離死別）也會變賣田地和房屋、家產。更會犯刑法，被發配邊疆或坐牢，或者去投軍，做軍人上戰場打仗。（指戰爭時期，大家運氣都不好，有擎羊陷落運會被徵召赴戰場。）

陀羅星

【原文】

陀羅火金，北斗浮星，化忌入廟身雄形麄，賦性剛強破相，氣高，橫發橫破不守祖業，為人飄蓬不作本處民，作事退悔有始無終。

喜西北生人為福及四墓生人又坐四墓宮、吉星眾者為福，會日、月、忌宿，男剋妻而女剋夫，加忌且損目。

會左、右、昌、曲有暗痣，若無正星而獨守命者，孤單棄祖、入贅、二姓延生，巧藝為活。

若陷宮逢巨、殺，必傷妻子背六親，且傷殘帶疾。僧道吉。

女命內狠外虛，凌夫剋子，不和六親又無廉恥。

辰戌丑未入廟，辰戌丑未生人利，寅申巳亥陷地。

【解析】

陀羅五行屬火金，是北斗浮星，亦為化忌之星。

陀羅坐命居廟位的人，有身型粗壯，稟性剛強，臉上有破相，高傲，一生會有暴發運，橫發橫破，會離開家鄉，喜歡四處飄泊，不會留在家鄉原地生活。做事常後悔，是有頭無尾的人。

陀羅坐命的人生於西北方的人為佳。（因為陀羅屬金，屬西方走金水運是故）。生於辰年、戌年、丑年、未年的人，又坐命在辰宮、戌宮、丑宮、未宮的人，命格是居廟位的，再有多個吉星照守的命格最好。

陀羅坐命若是對宮有太陽、太陰、化忌星相照會，則會有男子刑剋妻子，女子會刑剋丈夫的命格。有化忌星在對宮相照的命格，會眼目有病。

陀羅坐命，同宮或對宮有左輔、右弼、文昌、文曲星的命格，其人臉上、身上有黑痣。倘若沒有其他的主星正曜在命宮，只有陀羅單獨坐命的人，是離開祖家，形單影隻孤獨的人，（指被遺棄、過繼，或少小離家、逃家的人）也會入贅到妻家，會有改姓氏的情形，是有特殊技能來維生的人。

陀羅居陷坐命，又有巨門、七殺相照時，一定會刑剋妻子，六親不和，而且有疾病或身體有傷殘。做和尚、道士會吉利。

女子為陀羅坐命者，是外表溫和、虛假，而內心狠毒的人，會刑剋丈夫和兒子，六親不和睦，並且是寡廉鮮恥的人。

陀羅在丑、未、辰、戌宮為居廟位，又生於丑年、未年、辰年、戌年的人，較有利。陀羅在寅宮、申宮、巳宮、亥宮是居陷位的。

【原文】

陀羅入男命吉凶訣

歌曰　陀羅命內坐中存　更喜人生四墓中　再得紫微昌府合　財祿豐盈遠播名

又曰　陀羅在陷不堪聞　口舌官非一世侵　財散人離入孤獨　所為所作不如心

【解析】

男子為陀羅坐命是吉、是凶

歌云：陀羅在男子的命宮中時，最好是生在丑、未、辰、戌年生的人，再有紫微、文昌、天府三合照守，一定會有財祿和威名遠播。

又說：陀羅居陷坐命是不佳的命格，一輩子都有口舌災禍和官司纏身。會破耗家財、家破人亡，為孤獨命。其人的所作所為一生都不會稱心如意。

【原文】

陀羅入女命吉凶訣

歌曰 陀羅一曜女人逢　遇吉加臨淫蕩容　凶殺三方相照破　須防相別主人翁

【解析】

女子爲陀羅坐命是吉、是凶

歌云：女子為陀羅坐命時，就算是有吉星相照，也會是擁有淫蕩的容貌。若再有凶殺之星在三合宮位相沖照，為破格，就要小心與相愛的人生離死別了。

【原文】

陀羅入限吉凶訣

歌曰　限遇陀羅事亦多　必然忍耐要謙和　若無吉曜同相會　須教一夢入南柯

又曰　夾身夾命有陀羊　火鈴空劫又來傷　天祿不逢生旺地　刑妻剋子不為良

【解析】

陀羅在限運中是吉、是凶

歌云：人在陀羅運中災禍很多，一定要忍耐、謙虛、溫和的處理。倘若沒有吉星來照會，一定會好事如夢般過去了，無法享受好運。

又說：羊、陀二星會相夾身宮和命宮。再有火星、鈴星、天空、地劫再來傷害，祿存又不在旺宮，就會刑剋妻子兒女，是不好的運程了。

火星

【原文】

火星南斗浮星。火性剛強出眾，唇齒四肢有傷，毛髮生異，形容各別。諸宮不美，惟貪狼廟旺指日立邊功，為財官格。

利東南生人，不利西北，及喜寅卯巳午生人禍輕，更與擎羊同，則襁褓災厄，孤剋下局。只宜過房外家，寄養重拜父母方可。

女命心毒、內狠外虛、淩夫剋子、不守婦道，多是非、淫慾下賤。

寅午戌人宜　申子辰人陷災吝困　巳酉丑人得地吉　亥卯未人利益吉多發福

【解析】

火星五行屬火。是南斗浮星。火星坐命的人，是性格剛強異於常人的。在面相上嘴唇、牙齒和四肢有傷痕、傷災（指嘴唇有兔唇，或牙齒脫落，搖動或因傷斷裂過，四肢也會有傷、斷裂過，有血光之災。）其人的頭髮、鬍鬚會有發黃、發紅的跡象。臉型和長相、外型是各有不同的。有些是有古銅色的皮膚的。

火星在每一個宮位（包括十二宮各宮）都是不好的，只有和貪狼居廟同宮或相照是最好的命格。可以有暴發運做軍職保疆衛國，會在邊疆鎮守疆城立大功勳。因此為有財祿、官位的命理格局。（此為『火貪格』）

火星坐命的人，在中國東南方出生、生活的人，最有利，在中國西北方出生及生活的人不利。出生在寅年、卯年、巳年的人，會災禍較輕。此命格的人若再有擎羊同宮坐命宮，在襁褓嬰兒期時，就會有災厄，（很可能會出生時必須開刀拿出來，或者是出生後身體有病，必須開刀。）這是有孤獨刑剋的下等格局的命格。此命格的人只能過繼給外人做子女，或是寄養在別人家，或是改姓，姓別人的姓氏，拜別人為父母才行。（事實上有火星、擎羊坐命的人，生命中必會經歷上述狀況。）

女子為火星坐命的人，是內心狠毒，外表溫和虛假，內心凶狠的，會欺凌夫婿，刑剋子女。而且會不守婦人貞潔之道，多惹是非，且具有淫慾，是下賤的命格。

火星坐命，生命於寅宮、午宮、戌宮的人較好。坐命於申宮、子宮、辰宮的人，為命格居陷，有災禍、吝嗇、悔恨、困頓的一生。坐命於巳宮、酉宮、丑宮的人，是居得地之位的命格，還算吉。坐命於亥宮、未宮、卯宮的為居平，再有吉星多個來相照的命格可有福氣。

【原文】

火星入限吉凶訣

歌曰　火星得地限宮逢　喜氣盈門百事通　仕宦逢之皆發福　常人得此財豐隆

又曰　火星一宿最乖張　無事官災鬧一場　剋害六親應不免　破財艱苦免恓惶

【解析】

火星在限運中是吉、是凶

歌云：火星居得地旺位以上的宮位在限運中時，會有好事、吉事發生。做事是順利的。做官與讀書人碰到火星居旺運，都會發福，平常人有此運也財運好，錢財豐足。

※凡火星運居旺時，都有一點暴發運，會有意外的財運和暴發運，也會升官和有意外之喜。

又說：火星是一個囂張古怪的星，在火星居陷運中，常有突發的官司來纏人，無端的吵鬧了一場。在火星居陷運中，會剋害六親，總是不能避免的（會有親人反目或親人早逝的情形，稱為剋害六親。）遇到破財的事，日子艱苦的狀況，就不會再內心惶恐、害怕了，因為已經不好過了嘛！

鈴星

【原文】

鈴星火，南斗浮星，性毒、形神破相、膽大出眾，宜寅午戌生人權貴，亦利東南生人及限行，福厚。

西北人限行，成敗雖富貴不久，入廟遇貪狼、武曲鎮邊夷，更會紫、府、左、右不貴即富。

如陷，夭折、破相延壽、離祖，重拜父母。

女命性剛、背六親、傷日子、遇吉豐足。

【解析】

鈴星五行屬火，是南斗浮星。鈴星坐命的人，性格狠毒，外形和神情是臉上有傷痕、破相、做事大膽異於常人。鈴星坐命最好是生於寅年、午年、戌年屬火的年份，則會有權勢、地位。出生在中國東南方的人，以及限運走的是木火運的人，都是福份厚的人。

出生在中國西方或限運走金水運的鈴星坐命者，一生有成敗起伏，雖偶有富貴，也會不長久的。

鈴星居廟坐命，有貪狼、武曲相照的命格，會做武職，鎮守邊疆，做大將軍。倘若命格中再有紫微、天府、左輔、右弼三合照守的人，沒有做大官就一定是大富翁。

鈴星如果是居陷坐命，就會有夭折死亡，臉上破相可延長壽命，會離開祖家，過繼給人做養子，或隨母改嫁改姓氏，或拜他人為父母。女子為鈴星坐命的人，是性格剛強，與家人、朋友不和，刑傷丈夫和子女。只要有吉星相照，會有豐裕、足夠的生活財祿。

【原文】

鈴星入限吉凶訣

歌曰　限至鈴星事若何　貪狼相遇福還多　更加入廟逢諸吉　富貴聲揚處處歌

又曰　鈴星一宿不可當　守臨二限必顛狂　若無吉曜來相照　未免招災惹禍殃

【解析】

鈴星在限運中是吉、是凶

歌云：人的限運走到鈴星運會發生什麼事？有貪狼在對宮相照的運程，會有『鈴貪格』暴發運，運氣是最好的，倘若鈴星還是在廟位，又有很多吉星來三合照守或相照，會有賺大錢和升官、揚名的機會，是很快樂的。

又說：鈴星這顆星是不好的，在大限、小限、流年中會讓人發瘋。倘若沒有吉星來相照的話，一定會招來災禍、惹是非口舌的。

【原文】

火鈴二星入男命吉凶訣

歌曰　火鈴二曜居廟地　貪狼紫府宜相會　為人性急有威權　鎮壓番邦終有貴

又曰　火鈴在命落閑宮　西北生人作事庸　破盡家財終不久　須教帶疾免災凶

【解析】

男子是火星、鈴星坐命是吉、是凶

歌云：男子是火星、鈴星在廟位坐命時，最好有貪狼、紫微、天府在對宮相照，這種命格的人，性情很急躁，但有權威，可以做軍警職，鎮壓外敵或壞人，最後一定能做大官，有富貴的。

又說：火星、鈴星在男子的命宮中居陷不強，又是出生在中國西北方的地方、或是出生在金水年的人，是做事是庸才的人。會破耗家財，很快的就終至窮困或死亡。必須讓他身體帶有疾病，才可免去耗敗、夭折的命運。

【原文】

火鈴二星入女命吉凶訣

歌曰　火鈴之星入命來　貪狼相會得和諧　三方無殺諸般美　坐守香閨得遂懷

又曰　火鈴二曜最難當　女命單逢必主傷　若遇三方加殺湊　須防目下入泉鄉

【解析】

女子爲火星、鈴星坐命是吉、是凶

歌云：女子為火星、鈴星坐命，有貪狼在對宮相照的命格會與人溫和諧調的相處，只要三合宮位中沒有殺星（煞星）照守，就是好命，便可輕鬆的得到美滿幸福的人生。

又說：火星、鈴星二顆星是最不好了，女子命宮若單逢火、鈴中其中之一顆星，（即鈴星單星坐命或火星單星坐命）一定會有刑傷，若再有三合宮位有煞星來照守，就要提防眼下現在就有死亡災禍發生了。

【原文】

火鈴二星入限吉凶訣

歌曰 火曜二星事若何　貪狼相會福還多　更加吉曜多權柄　富貴聲揚處處歌

又曰 火鈴限陷血膿侵　失脫尋常不可尋　口舌官災應不免　須防無妄禍來臨

【解析】

火星、鈴星在限運中是吉、是凶

歌云：有火星、鈴星在限運中會發生什麼事呢？有貪狼相照的運程，是有暴發運、偏財運的，非常有福氣。倘若再加吉星相照的運程，會掌握大權，也會有財祿和升官之喜，值得快樂歌頌。

又說：在火星、鈴星居陷的運程中，會有血光之災。若丟了東西，是無法找到的。並且有口舌是非災禍和官司問題，也要防止突如其來的災禍。

地劫星

【原文】

地劫火，乃劫殺之神。性重、作事疏狂、動靜增惡、不行正道、為邪僻之事。有吉禍輕、三方加殺少者夭等論。

女命只可為偏房、妓婢而已。

【解析】

地劫五行屬火，為上天劫殺之神。地劫坐命的人，性格有多重性格。做事不用心，而且驕傲狂妄，會有使人討厭的舉動。不走正道，喜歡做不合法、邪惡的事情。有吉星相照的命格，災禍較輕微。三合宮位中有煞星少一點的也主其人早夭來論。

女子為地劫坐命的人，只可做偏房妾室（不會為正娶，可能多半是同居關係）、妓女、婢僕之人而已。

※地劫坐命的女子，一定是三方殺星多，才會落入妓女、婢僕的行列。例如地劫坐命巳、亥宮和天空同宮，有廉貪相照的命格即是。

地劫坐命卯、酉宮，有紫貪相照的命格，反而可以對桃花有抵制作用，能反正，成為正派一點的人。

【原文】

地劫入命吉凶訣

歌曰　地劫從來生發疾　命中相遇多啾唧　若遇羊火在其中　辛苦持家防內室

【解析】

地劫坐命是吉、是凶

歌云：地劫在命宮的人是容易有疾病的，況且一生多坎坷命運。倘若再有擎羊、火星在命宮、或相照的命格，必須辛苦的操作家務而且要防範家中之人。

【原文】

地劫入限吉凶訣

歌曰　劫星二限若相逢　未免當年無禍危　太歲殺臨多疾厄　官符星遇有官非

【解析】

地劫在限運中是吉、是凶

歌云：地劫若在大、小限、流年中出現，在該年是不能防止災禍的，再有太歲星、殺星同宮，會有疾病。再有官符星同在運限中，會有官司纏身。

天空星

【原文】

天空乃空亡之神，性重、作事虛空、不行正道、成敗多端、不聚財，退祖榮昌、空多不吉。名曰斷橋。

有吉禍輕，四殺加少者平等論，多者下賤。

女命單守，只可為偏房妓婢。

【解析】

天空五行屬火，為上天空亡之神。天空坐命的人有多重性格，作事不實在，虛偽，不走正路。一生會有成敗起伏、變化多端的運程，一生都不會聚守財富。離開祖家到外地或改姓，會榮耀、昌盛。

天空坐命多是不吉利的。天空又稱為『斷橋煞』。

天空坐命，有吉星相照的命格，災禍就輕。有四殺（羊、陀、火、鈴）

少一點加會的命格，以居平的命格來論之。四殺加會命宮多的，會是下賤的命格。

女子有天空單星坐命時，只會做偏房側室、妾室或妓女、婢女之人。

【原文】

天空入命吉凶訣

歌曰　命坐天空定出家　文昌天相富堪誇　若逢四殺同身命　受蔭承恩福可佳

【解析】

天空坐命是吉、是凶

歌云：有天空坐命的命格是一定會出家做和尚、尼姑的，倘若命宮對宮有文昌、天相來相照，會有大富貴。若有天空和羊、陀、火、鈴四殺同在身宮、命宮，是承受祖蔭、父母的恩惠的人，福氣很好。

※天空坐命在酉宮，對宮有陽梁相照的命格稱為『萬里無雲』格，為貴格，主大富貴。國父孫中山先生就是此命格的人。

【原文】

天空入限吉凶訣

歌曰 空亡入限破田庄　妻子須防有損傷　財帛不惟多敗失　更憂壽命入泉鄉

【解析】

天空在限運中是吉、是凶

歌云：天空是上天空亡之星，在限運中主破耗田產（現今指房地產）。已娶妻的人，要防範妻子不長命。在天空運中錢財也會耗損、破敗。更要擔心自己壽短會早死夭壽。

【原文】

地劫天空同入限吉凶訣

歌曰 極居卯酉劫空臨　為僧為道福興隆　樂居山林有師號　福壽雙全到古齡

又曰 劫空二限最乖張　夫子在陳也絕糧　項羽英雄曾喪國　綠珠逢此墜樓亡

【解析】

地劫、天空一同在限運中是吉、是凶

歌云：紫微在卯宮、酉宮時為紫貪同宮，再有地劫或天空同宮的命格，是做僧人和尚、道士非常有福氣的命格。喜歡居住在山上、深林的廟宇之中，也會是有大師名號的人。會具有生活愜意的福氣和長壽近百歲。

又說：地劫、天空在大、小二限及流年中是最乖違不吉的，孔夫子在周遊列國時，到了陳國遇劫空運而糧食用盡了而餓肚子。大英雄項羽在劫空運戰敗而喪失國土，最後在烏江邊自刎。綠珠在劫空運中因宋朝李后用狸貓換太子事件，被李后派人暗殺、消滅人證，被人推下樓去，墜樓而亡。因此劫空運是不吉的。

天傷、天使

【原文】

天傷水，乃虛耗之神。守臨二限、太歲，不問得地，只要吉多方可獲善，若無正星又羊、陀、火、忌、巨、機，必主官災喪破財，橫事相侵，夫子絕糧。限到天傷。

天使水，乃傳使之星，務審人間禍福之由，若二限、太歲臨有吉星眾者禍輕。若無正星又值巨、忌、機、四殺，則官災、喪亡、橫事破家。

【解析】

天傷五行屬水，是上天虛耗之神。天傷在大、小限及在流年太歲中，是不講是否是得地合格的，只要有多一點吉星來同宮或相照，就算是吉善的。

倘若在大、小限、流年中的宮位沒有主星，又有羊、陀、火星、化忌、巨門、天機等星來相照，一定會有官司、喪亡、破財的事，和不吉利的事來相侵擾。孔夫子在陳國糧食用盡又找不到糧食而挨餓，就是大、小限走到了天傷運。

天使五行屬水，為上天傳使之神，是要審視人世間會發生災禍與福氣的根本原因。倘若大、小限、流年中剛好逢到有吉星多個，則災禍就較輕微。倘若運限的宮位中沒有主星，又逢到對宮有巨門、化忌、天機和四殺（羊、陀、火、鈴），則有官司，家中有喪亡之事，以及有橫禍會破敗家庭。

※橫事：指突如其來之事。

【原文】

天傷天使入限吉凶訣

歌曰　天耗守限號天傷　夫子在陳也絕種　天使限臨人共忌　石崇豪富破家亡

【解析】

天傷、天使在運限中是吉、是凶

歌云：天耗星在限運中又稱天傷，孔夫子在陳國時也斷絕了糧食要挨餓。天使運在限運中也是人人都一同忌諱不喜歡的，是因為原來是富豪的石崇，也因走天使運而家破人亡了。

天馬星

【原文】

天馬火，最喜會祿存，極忌截路空亡。如命在辰戌丑未，遇寅申巳亥有天馬，在夫妻宮加吉會者富貴，加殺不美，加權祿照臨必主男為官，女封贈。

【解析】

天馬五行屬火，最喜歡與祿存相會同宮，但最忌有截路、空亡來同宮。

如果命宮在辰宮、戌宮、丑宮、未宮，會有天馬星在寅、申、巳、亥宮，（剛好天馬就在夫妻宮的位置中），而在夫妻宮再有吉星的人是具有富貴生活的人，若是夫妻宮有煞星就不好了。如果夫妻宮有吉星是加化權、化祿，則會相照官祿宮。有此命格的人，若是男子就會做大官。若是女子，便會做官夫人。

【原文】

天馬入限吉凶訣

歌曰　天馬臨限最為良　紫府祿存遇非常　官宦逢之應顯達　士人遇此赴科場

又曰　天馬守限不得住　又怕劫空來相遇　更兼太歲坐宮中　限到其人尋死路

【解析】

天馬在限運中是吉、是凶

歌云：天馬在限運中是最好的，再有紫微、天府、祿存同宮就有『扶輿馬』、『財馬』的格局，財運非常好。做官的人逢到天馬運會名聲顯揚而發達。讀書人遇天馬運去參加考試一定會考中。

又說：人有天馬運在限運中，是忙得停不下來的，最怕有地劫、天空同宮相遇，再加上流年太歲在限運的宮中，則其人會有短命夭亡的現象。

四化星

化祿星

【原文】

化祿星土，為福德之神。守身、命、官祿之位，科、權相遇必作大臣之職。小限逢之，進財入仕之喜。大限十年吉慶。惡並陀、羊、火、忌曜來沖照亦不為害。

女人吉湊，作命婦，內外威嚴，殺湊，平常。

【解析】

化祿星五行屬土，為福德主。化祿在身宮、命宮、官祿宮中有『化科、化權』相遇，祿、權、科到齊，一定會做國家政府首長之職位。（有小限逢到化祿運，有增加財富、升官的喜事。化祿星在人的十年大運中算是吉運，有凶惡之星再加上羊、陀、火星、化忌來三合沖照，或對沖都不算有害處。）

※事業上有化祿和化忌同宮以雙忌論，仍有無法進財的困擾，而且增加了口舌是非的災禍。

女人有化祿星坐命，再有吉星相照，會做官大人，內心和外表都是威嚴、穩重的。女子有化祿坐命，有殺星同宮或相照，為常人之命格。

【原文】

化祿入命斷訣

歌曰　十干化祿最為榮　男命逢之福自申　武職題名邊塞上　文人名譽滿朝廷

又曰　祿主天同遇太陽　常人大富足田庄　資財六畜皆生旺　凡有施為盡吉祥

【解析】

化祿星入命宮可斷定之事

歌云：年天干有十干，每一種年份所形成的化祿星都是具有最好的運勢的，男子逢到命宮中有化祿星，就自然有福祿，做軍警、武職的人，會被點名做大將軍，做邊防重臣。做文人的人，也會有名滿天下的聲譽。

又說：命宮中有天同化祿或太陽化祿的平常人也會有上億財富和田產、房地產。在錢財、畜養生財的家畜也都數量很多，很興旺。凡是能表現作為的事情，都會是吉祥的。

【原文】

化祿入限斷訣

歌曰　限中若遇祿來臨　爵位高遷佐聖明　常庶相逢當大貴　自然蓄積廣金銀

【解析】

化祿在限運中可斷定之事訣

歌云：人在限運中若逢到化祿運，一定會升官，去幫助老闆主管或上司做決策之事。平常人逢到化祿運會主貴，做官。在平順中靠積蓄來儲存財富。

化權星

【原文】

化權星木，掌判生殺之神。守身命科祿相迎，出將入相，會巨門、武曲必專大事，掌握兵符。為人極古怪，到處人欲敬。小限相逢，無有不吉，大限十年必遂，逢凶亦不為災。

如遇羊陀耗使空劫聽說貽累官災貶謫女人得之內外稱意，僧道掌山林有師號。

【解析】

化權星五行屬木，是掌有判人生殺大權的神祉。

化權星在命宮或身宮，再有化科、化祿同宮、相照或三合照守的命格，會做大將軍或宰相之職。有巨門化權、武曲化權在命格中，一定會做大事，或掌握兵權。（命宮中有巨門化權和武曲化權，都傾向於政治方面的表現，故專掌兵權。）

有化權星在命宮的人，做人非常古怪，走到那裡都有人尊敬，小限逢到化權運，沒有不吉利的。大限（大運）十年逢到化權運，一定順遂，即使有凶星在運限中，也不會有災害。

化權星如果和擎羊、陀羅、破軍、天使、天空、地劫，會遭到拖累，有官司、職位被貶等情形。

女人有化權星在命宮，會很能幹，工作、家庭都照顧得好，萬事如意。做和尚、道士的人，有化權星在命宮，在宗教界也會有名聲，為大師級的人物。

【原文】

權星入男命訣

歌曰 權星最喜吉星扶 事業軒昂膽氣麄 更值巨門兼武曜 三邊鎮守掌兵符

【解析】

男子命宮有化權星

歌云：男子有化權星坐命，最好有吉星化權來相扶持，會有大膽識做大事業。倘若是巨門化權或武曲化權在命宮中或在財、官二宮（指在『命、財、官』中為三邊）都是主其人會掌兵權，來主導政治的人。

※麄，音ㄘㄨ，同粗。

【原文】

權星入女命訣

歌曰 化權吉曜喜相逢 更吉加臨衣祿豐 富貴雙全人敬服 奪夫權柄福興隆

【解析】

女子命宮有化權星

歌云：女子命宮中有化權星時，再有吉星化權，或有吉星同宮，都會有豐衣足食的財祿，並且受人尊敬，還會有富有貴。但是會有性格剛強，在家中做一家之主，丈夫會懦弱無用。這種命格還是很有福氣的命格。

【原文】

權星入限斷訣

歌曰 此星主限喜非常 官祿高陞佐帝王 財帛豐添宜創業 從今家道保安康

又曰 權星此遇武貪臨 作事求謀盡得成 士子名高添福祿 庶人得此積金銀

【解析】

化權星在限運中

歌云：有化權星在限運中是非常好的，會升官發財，輔佐主政者。也可以開創事業、增加財富。從這個限運中開始，家庭中就十分平安、富足了。

又說：在權星和武曲、貪狼同宮，做事、做生意，謀求一切機會、財祿都一定會成功。讀書人會名氣高，又會增加福氣和財祿，平常人有武曲化權、貪狼化權，也會積蓄很多財富的。

※化權星遇武貪，就是強勢的『武貪格』暴發運格，或稱偏財運格。會暴發事業上和金錢上的好運。暴發的層級很大，暴發事業會突然發達成為有名的人，再由名聲帶財富。暴發財富會一下子變成億萬富翁，情況是常人無法想像的。

《有關『武貪格』暴發運格的內容，請看法雲居士所著『如何算出你的偏財運』和『驚爆偏財運』二書，有詳細的分析》

化科星

【原文】

化科星水，上界應試主掌文墨之神。守身、命權祿相逢，主人聰明通達。最喜逢魁、鉞，必中科第作宰臣之職。如遇惡星亦為文章秀士，因作群英師範。但嫌截路、空亡、旬空、天空亦畏忌。

女命吉星拱守，作公卿婦，雖四殺沖破也主富貴。

【解析】

化科星五行屬水，是天上主掌考試、文墨之神。

在人的身宮、命宮中有化科星，再有化權、化祿同宮或相照的命格，是非常聰明、通曉事物，做人練達的人。有化科坐命，最好有天魁、天鉞來同宮或相照，一定會考中國家任用的考試，而做輔政、管理的工作。

如果命宮中有化科星，再有不吉的星同宮坐命，也是會做可寫文章的文秀之士，可以做許多人的學習模範。化科星在命宮最怕碰到截空、空亡、旬空、天空等星，也更怕化忌星來同宮坐命，這是會不吉的。

女子有化科星在命宮或對照，或是三合照守，會做高官的夫人。即使有羊、陀、火、鈴等四煞星來沖破的命格，也仍然是會有富貴的人生。

【原文】

科星入男命吉凶訣

歌曰　科星文宿最為奇　包藏錦繡美文章　一躍禹門能變化　管教聲譽達朝堂

又曰　科星入命豈尋常　錦繡才華展廟廊　更遇曲昌魁鉞宿　龍門一躍姓名揚

【解析】

男子命宮中有化科星是吉、是凶

歌云：化科星是文星非常奇特，在人命宮時，會讓其人具有聰明的頭腦，包藏著秀美的文章。並且在考試的時候會一躍龍門得第一，一定會讓政府的高階人士都知道此人的才氣名聲好。

又說：化科星在人命宮是和普通人不一樣的，一定會具有非常精緻、美好的才華可表現在做官或公職上。倘若命宮或對宮，或三合宮位再有文昌、文曲、天魁、天鉞等星，一定會一躍龍門，考試考中，聲名遠播，光耀門楣的。

【原文】

科星入女命吉凶訣

歌曰　化科女命是良星　四德兼全性格清　更遇吉星權祿湊　夫榮子貴作夫人

【解析】

女子命宮中有化科星是吉、是凶

歌云：化科在女子的命宮中是吉星。有此命格的人會有禮、義、廉、恥四德兼備，性格是溫和、貞潔的。倘若命宮再有吉星加化權、化祿在對宮或三合宮位相照守，一定能有幫夫運，會輔助丈夫、兒子榮貴，而自己坐上官夫人的位置的。

【原文】

科星入限吉凶訣

歌曰　科星二限遇文昌　士子逢之姓名香　僧道庶人多富貴　百謀百遂事英揚

【解析】

化科星在限運中是吉、是凶

歌云：在化科主運的大、小二限和流年中，再有文昌星，一般讀書人逢此運，一定會考試考得好，得第一名，讓人提名道姓的稱讚，其姓名是很吃香的。做和尚、道士和一般常人逢此運會錢財順利，有富有貴。無論去營謀何事都會成功，而且好事容易讓人知道、艷羨。

化忌星

【原文】

化忌星水，為多管之神。守身、命一生不順招是非。小限逢之一年不足，大限相遇十年悔吝。二限并太歲交臨斷然蹭蹬。文人不耐久，武人縱有官災，口舌不防。商藝人到處不宜，難立腳。

如遇紫、府、昌、曲、左、右、科、權、祿，與忌同宮又兼羊、火、鈴、空，作事進退橫發橫破，始終不得久遠。即係發不住財是也。一生奔波勞碌或帶疾貧夭。僧道亦流移還俗。然天同在戌化忌，丁人遇吉。巨門在辰化忌，辛人返佳。若太陽在寅卯辰巳午化忌，太陰在酉戌亥子化忌為福論。

若日、月陷地化忌，主大凶。如廉貞在亥化忌是也，火入泉鄉又逢水命入化忌也不為害。

【解析】

化忌星五行屬水，為喜歡多管事情之神祉。

化忌星在人的命宮、身宮，其人會一生不順遂，而且多惹是非。小限逢到化忌運會有一年的財運不好。大運逢化忌運，會有十年會碰到後悔的事、不吉的事。在大、小限和流年太歲一起出現在化忌運上，一定是好事多磨，拖拖拉拉，考試考不好，做官做不上，賺錢也賺不到的局面。

做文職的人碰到化忌運，做事是做不久的。做軍警武職的人逢到化忌運，即使有官司和口舌之災是不礙事的。商人、有技藝的人（指上班族）逢到化忌運是不吉的，是難以立足的局面，賺不到錢。

如果有紫微、天府、文昌、文曲、左輔、右弼、化科、化權、化祿和化忌星來同宮，又有擎羊、火星、鈴星、天空一起在宮位中坐命，其人是做事反覆不定，會發橫財，但也會橫破，始終是不長久的，這就是俗稱的發不住財了。

有化忌星在命宮，是一生勞碌奔波的人，或者是身體有疾病，又貧困早天的人，即使做和尚、道士也會還移奔波，最後還俗，（表示做僧人、道士也不夠堅貞），然而天同在戌宮化忌，丁年生的人算是吉利的，（丁年生的人是巨門化忌，況且天同是福星，可解厄呈祥，故不會化忌，故此句有錯。）巨門在辰宮化忌，辛年生的人反而是好的。（辛年生的人是巨門化祿、文昌化忌，故此二句指的是天同、巨門在墓宮無用而言，並不是真的化忌。）倘若有太陽在寅宮、卯宮、辰宮、巳宮、午宮有化忌（此是甲年生的人），太陰在酉宮、戌宮、亥宮、子宮有化忌，因為都是居旺位加化忌，可以為不算太差的情形。

倘若太陽、太陰居陷有化忌，則主大凶、很不吉利。

【原文】

忌星入男命吉凶訣

歌曰　諸星化忌不宜逢　更會凶星愈肆凶　若得吉星來助救，縱然富貴不豐隆

又曰　貪狼破軍居陷地　遇吉化忌終不利　男為奸盜女淫娼　加殺照命無眠睡

【解析】

男子有化忌入命宮是吉、是凶

歌云：不論何星化忌都不適合在命宮，再有凶星相照會，運氣就更凶惡了。倘若有吉星來解救，即使有一時的富貴，也不會長久和富足的。

又說：命格中有貪狼、破軍皆居陷位，再有吉星和化忌同宮，還是不好。男子會做奸人盜匪，女子會做娼妓。如果命格中有化忌星，再有殺星相照命宮的人，是忙碌非常，根本少睡眠的人。

【原文】

忌星入女命吉凶訣

歌曰　女人化忌本非奇　更遇凶星是禍基　衣食艱辛貧賤甚　吉星湊合減災危

【解析】

女子有化忌星入命宮是吉、是凶

歌云：女子有化忌星在命宮本來就不算好，再遇到凶星更是有災禍產生，在衣食生活方面非常艱苦貧乏，甚至是下賤貧困之人。有一、兩個吉星相照，或三合照守的，可減少災厄。

【原文】

忌星入限吉凶訣

歌曰　忌星入廟又為佳　縱有官災亦不傷　一進一退名不遂　更兼遇吉保安康

又曰　二限空中見忌星　致災為禍必家傾　為官退職遭贓濫　胥吏須防禁杖刑

又曰　忌星落陷在閑宮　惡殺加臨作禍凶　財散人離多疾苦　傷官退職孝重逢

祿會祿存富貴，權會巨、武英揚，科會魁、鉞貴顯，忌會身命招是非。

【解析】

化忌星在限運中是吉、是凶

歌云：化忌星的主星在廟位時算是好的，縱使有官司纏身也不會有太大的傷害。但是在升官、揚名、進財方面，會有起伏不順。只要再有吉星同宮，或相照，此運就可以平安康泰了。

又說：大、小限及流年中有天空星又有化忌星的運程，是一定會有災禍和家破、傾倒的狀況的。做大官的人會遭到退職處分，原因是太過於貪污、舞弊、濫收賄賂贓款之故。做小公務員的人要防著做錯事挨懲罰。

又說：化忌星落在閒宮（不在『命、財、官』之中或是主星落陷），再有惡星，殺星同宮的限運是災禍很凶的，錢財會散盡，親人會離開，會身體產生疾病和貧窮困苦，並且在工作上也會遇到職位不保，和家中有親人亡故，要戴孝的事情。

在人的運限中，化祿和祿存同宮，主其運程是富貴的。化權和巨門、武曲同宮（即有巨門化權、武曲化權）是可耀武揚威的。化科和天魁、天鉞同宮，是可以發達，做官、揚名的。化忌星在身宮、命宮、運限中都是惹禍生非的。

【原文】

歲君火，乃流年太歲星君。

歌曰　太歲之星不可當　守臨官限要推詳，若無吉曜來相助　未免官災鬧一場

斗君正月初一日管事，遇吉斷吉，遇凶斷凶，如太歲、二限美，若斗君正月初一日值在某宮過度，逢凶殺也主其年有得失，災病、官非，依月限斷之。

【解析】

歲君五行屬火，就是流年太歲。

歌云：流年太歲是不好的，在官祿宮時，要小心的來推算。倘若沒有吉星在流年中與太歲星同宮，免不了要有官司爭鬥一場。

子年斗君是在該流年宮位的正月初一才管事的。在那個日子裡，是吉星在宮位中就斷定是吉祥的。若是凶星在該流年的宮位中，就斷定是凶的。如果該年逢太歲、大、小限都是吉的，而斗君正月初一日正當值在某一個宮位為過度時期，則斗君所在的宮位中有凶星、殺星也會主在該月有閃失，會有病災、官司。斗君是以月份來推斷的。

命理生活新智慧・叢書32

熱賣中

紫微推銷術

『推銷術』是一種知識，一種力量，有掌握時機、努力奮發的特性。
同時也是一種先知先覺的領導哲學，
是必須站在知識領導的先端，
再經過契而不捨的努力
而創造出具有成果的一種專業技術。

『推銷術』就是一個成功的法則！
每一個人或多或少都具有一點屬於個人的推銷術，
好的推銷術、崇高的推銷術，
可把人生目標抬到最高層次的地方，
造就事業成功、人生完美、生活富裕的境界！
你的『推銷術』好不好？
關係著你一生的成敗問題，

法雲居士用紫微命理來幫你檢驗『推銷術』的精湛度，
也帶領你進入具有領導地位的『推銷世界』之中！

法雲居士⊙著

金星出版

命理生活新智慧・叢書04

你一輩子有多少財

教你預估命中財富的方法

法雲居士◉著

已出版
熱賣中

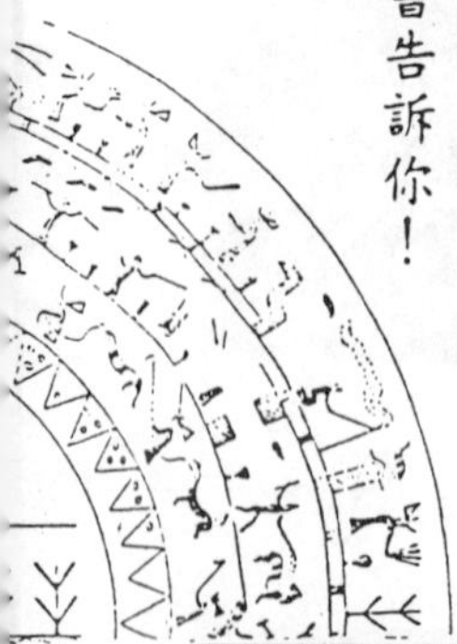

◉有人含金鑰匙出生，
有人終身平淡無奇，
老天爺眞的是那麼不公平嗎？
你的命裡到底有多少財？
讓這本書告訴你！

命理生活新智慧・叢書

紫微改運術

在這個混沌的世界裡
人不如意有十之八九
衰運時，什麼事都會發生！
爲什麼賺不到錢？
爲什麼愛情不如意？
爲什麼發生車禍、傷災、血光？
爲什麼遇劫遭搶？
爲什麼有劫難？

爲什麼事事不如意？
要想改變命運重新塑造自己
『紫微改運術』幫你從困厄中
找出原由

這是一本幫助你思考，
並幫助你戰勝『惡運』的一本書

・金星出版・
社址：台北市林森北路380號901室
電話：(02)25630620・28940292
郵撥：18912942金星出版社帳戶

你的財要怎麼賺

這是一本教你如何看到自己財路的書。
人活在世界上就是來求財的！
財能養命，也會支配所有人的人生起伏和經歷。
心裡窮困的人，是看不到財路的。
你的財要怎麼賺？人生的路要怎麼走？
完全在於自己的人生架構和領會之中，
法雲居士利用紫微命理為你解開了這個
人類命運的方程式，
劈荊斬棘，為您顯現出你面前的財路，
你的財要怎麼賺？
盡在其中！

紫微星曜專論

此書為法雲居士重要著作之一，主要論述紫微斗數中的科學觀點，在大宇宙中，天文科學中的星和紫微斗數中的星曜實則只是中西名稱不一樣，全數皆為真實存在的事實。

在紫微命理中的星曜，各自代表不同的意義，在不同的宮位也有不同的意義，旺弱不同也有不同的意義。在此書中讀者可從法雲居士清晰的規劃與解釋中對每一顆紫微斗數中的星曜有清楚確切的瞭解，因此而能對命理有更深一層的認識和判斷。

此書為法雲居士教授紫微斗數之講義資料，更可為誓願學習紫微命理者之最佳教科書。